超訳

原因と結果の法則

# あなたの望む愛が叶う

◎原著　ジェームス・アレン
◎著者　上之 二郎

## まえがき

私たちはひとりでは生きられません。そのため、私たちは生まれたときから、私たちを愛し、ともに愛を育んでくれる人を引き寄せる力がそなわっています。その引力は、赤ちゃんがまわり中の人々の愛を引き寄せるように、ピュアで素直な心であればあるほど強く、愛を引き寄せます。

もしあなたが、愛されないというなら、あなたにそなわっている「愛を引き寄せる力」を、なにかが邪魔をしているからです。

それは、あなたがこれまで生きてきたなかで負ってきた傷やつまずきが、あなたの耳元で囁く「どうせ自分なんか」という呪いです。

でも、あなたにそなわった「愛を引き寄せる力」は、どんなときでも、あなたを見放すことはありません。ただ、あなたが自分にそなわった力を思い出すのを、じっと見守っています。

もしあなたが、ともに愛を育む相手と出会えないというなら、あなたはいま、その人を引き寄せるための学びの場にいます。

恋愛は、人が幻想や妄想に迷う悲劇の舞台です。そこで人は傷つき、つまずきながら、多くを学び、自分自身を少しずつ見つけていきます。ひとつの恋愛から学ぶべきものを学ぶと、つぎの恋愛が現れます。こうして女性も男性も、真実の愛に目覚める方向へと導かれていくのです。

ひとつひとつの出会いが、あなた自身に気づきをもたらし、自分が持つ「愛を引き寄せる力」を思い出していくために与えられた学びの場なのです。そこで学ばなければ、漂流の海から助かるすべはありません。

二十代前半で週刊誌の記者となり、ライターをつづけて四十年近い歳月が経過しました。その間、たくさんの人々の愛を引き寄せている有名・無名の多くの人々と出会い、その人柄に触れてきました。

さまざまな境遇のなかで、ひたむきに愛を語るそれぞれのストーリーに胸を詰まらせ、多くを学ばせてもらってきました。


縁あって出会ったさまざまな人々が、全身全霊をあげて語るストーリーに耳を傾けていると、いつもきまって心に響いてくるものがあります。

それは、その人の心の素直さです。

「だから、この人は愛されているんだ」という心の清らかさです。

どんなに厳しい境遇にいても、ピュアで素直な心が、その人を輝かせ、その人のまわりに、たくさんの人たちの愛が引き寄せられているのが、手に取るようにわかるのです。

愛を引き寄せている人々のストーリーを書いていく上で、いつも繰り返し読んできたのが、イギリスの哲学者ジェームス・アレンが100年前に出版し、今も世界中でバイブルのように読まれているベストセラー『AS A MAN THINKETH』(心が考える通りに)です。

原著はさまざまなタイトルで翻訳されてきましたが、その多くがビジネス書として出版され、日本でもベストセラーになりました。

しかし、この本がビジネス書として読まれたことに、私は物足りなさを覚えていました。なによりも読まれなければならないのは、この本が説いている『心のあり方』だと思うからです。なかでも愛についての深い洞察と教えから、私たちは多くを学ぶことができます。

原著が説く「原因と結果の法則」が、人々の運命を操っていることを、私は取材の現場でまざまざと目撃してきました。そして、なぜこの原著がバイブルのように世界中で読まれつづけているかを理解しました。

愛されない人の心のなかには愛されない原因があり、愛される人の心のなかには愛される法則が働いています。

もし、あなたが愛されないと悲嘆にくれているとしたら、それはあなた自身に愛されない原因があるからです。けっして、相手のせいでも、あなたを取り巻く状況のせいでもありません。

本当に愛されたいと願うなら、あなた自身の心の中にある愛されない原因をきちんと知り、原因と結果の法則があなたの運命を左右していることに気づくことです。

この真実を学ぶことで、人は自分自身を、自分を取り巻く状況を、そして自分の運命を変えて、愛に満ちた幸福な人生へのトビラを開けることができます。

原著のなかで愛の法則について解き明かされている知恵をリスペクトしなが

ら、誰にでもわかるようにまとめたのがこの本です。

この本を通して、恋に悩み、安らぎと温もりに満ちた愛を求めて傷つき苦しんでいる人々に、真実の愛が微笑むことを願ってやみません。

上之二郎

目次

## 第三章

# 自滅愛と招き愛

## 第四章 究極の恋愛力 実践編

# 第一章

# チャンスは準備をした人にだけ訪れます

私たちは、
自分が心に
抱きつづけているものを
身のまわりに引き寄せます。
身勝手な打算で心を満たしているとき、
ひとりよがりな人々を
つぎつぎと引き寄せます。
愛で心を満たしているとき、
私たちを愛する人たちを
つぎつぎと引き寄せます。

## バラの花の意味

バラの花を咲かせたいと思ったら、バラのタネをまいて育てます。
ドクダミのタネからバラの花が咲くなんてありえません。
これは、子どもでも知っている自然の法則です。

ところが、ガーディニングや自然界のことではなく、
いざ私たち自身のことになると、
雑草のタネからバラの花を咲かすことができると、
本気で思い込んでいる人がたくさんいます。
いや、私たちのほとんどがそうだと言っていいでしょう。

たとえば、自分の心を磨くこともしないで、

心を愛で満たしている男性から愛されると夢見ている人たち。

こういう人たちは、本気でダイエットに取り組むこともしないで、スイーツを口いっぱいに頬ばりながら、誰もがうらやむようなボディー・ラインになりたいと、夢見ているメタボちゃんのようなものです。

もし、婚活中のあなたがリッチでハッピーな結婚生活を手に入れようと、エステやメイクでせっせとうわべを磨き、背が高くてイケメンで、年収1千万円以上の男しか相手にしない、なんて考えているとしたら、あなたを待っているのは落胆とみじめさです。

身勝手な打算は、身勝手な相手を引き寄せます。

身勝手な考えで心を満たしている人は、相手の幸せではなく自分の幸せを求めて、ひとりよがりな行動に走るもの。
そんなわがまま同士が長続きするはずもありません。
もし、そんな打算で心を満たしているあなたの前に、
心を愛で満たしている男性が現れたら、どうでしょう。

あなたの心の貧しさに触れたとたんに、あなたへの興味は消え失せ、
「なぜそんなに薄っぺらで、いやしい考えをするのか」と、
立ち去ってしまいます。

なぜなら、心を愛で満たしている人は、相手のルックスやうわべよりも、
相手の内面の美しさにひかれるからです。

もしあなた自身が心を愛で満たしていれば、
あなたを愛する人たちをつぎつぎと引き寄せます。

心を愛で満たしたあなたは、まるで、真冬の冷気に凍えた体を
ポカポカと温めてくれる陽だまりのように居心地が良く、
心が安らぐからです。
そんな人を大切にしたいと思わない人はいません。

陽だまりのような人の心とくらべたとき、
打算やわがままでいっぱいにふくらませた人の心は、
どれほどみすぼらしくみじめに見えることか。

愛を引き寄せる人は、愛で心をおだやかに満たしている人です。
反対に愛を逃す人は、心を身勝手な考えや、
ねたみや不安で満たしている人です。
愛のあるタネからは愛の安らぎが、
身勝手な考えのタネからは争いのイラ立ちが育ちます。

雑草のタネからは雑草が育ち、バラのタネからはバラの花が咲く。
こんなわかりきった自然の法則が、
私たちの人生にも当てはまっていることに、
気づいていない人たちがなんと多いことでしょうか。

## 原因と結果の法則

植物はタネから芽吹き、タネがなくては生まれません。
私たちのどんな行動も、目に見えない「考え」や「思い」という、
心の中に秘めたタネから生まれます。

水は熱がなければ蒸気にはなりません。
原因があるから結果がある。これが自然界の法則です。
植物のタネは「原因」で、そこから芽吹いて育った植物が「結果」です。

これと同じように、私たちの行動もすべて、
心の中に抱いた考えや思いというタネから生まれています。
どんな行動も、はじめに心の中に抱いた

考えや思いという原因がなければ起きてきません。
それがどんなに考え抜いた行動でも、
衝動に駆られた突発的な行動でも、
すべての行動は心の中に抱いた考えや思いという
原因から生まれた結果なのです。

思いは自分の心の中だけにあって誰にも見えません。
でも、思いが生み出す行動は現実世界で起こります。
考えや思いが原因となってアクションを起こすと、
かならずそれに応じた結果をもたらすのです。

良い考えからは良い結果が、悪い考えからは悪い結果があらわれる。
この法則が、どれほどあなたの人生に当てはまるのか、
いくつかの例を紹介しましょう。

たとえば、心の中に「どうせ自分はダメな人だから」と、
いじけた考えを抱いている人は、
恋愛でもちょっとしたつまずきで恋を手放し、
ダイエットしていてもドカ食いに走って、リバウンドを繰り返します。
「私のようなキャリアのある人間が、
なんでこんな安月給でこき使われなきゃいけないの」と、
心に驕りと怒りを抱いている人は、
体調が悪いとウソをついて会社をズル休みした上に、
上司とぶつかってしまいます。その結果として仕事を失います。

心の中に自己チューで、わがままな考えをめぐらしている人は、
付き合っている彼氏がトラブルに巻き込まれて、
会社をクビになった途端に、
「あんたのせいで私の人生、メチャクチャだわ」と、

彼氏を逆境の中に置き去りにしてしまいます。
そういう人は、愛を育むこともしないまま恋を手放してしまうのです。

こういう人は、自分がわがままな考えに気がついて、
自分自身をあらためないかぎり、何度でも同じことを繰り返します。
反対に、心の中を愛で満たしている人は、
たとえ付き合っている彼氏が、間違いを起こして会社をクビになっても、
「お互い、もっと修行しなきゃね。
いい勉強だと思って、学んでいきましょう」と、
相手を励まし、ふたり手を取り合って逆境を乗り越えていきます。

これは、どんなささいな場面でも同じこと。
たとえば、付き合っている相手がデート中に、
しきりに腕時計に目をやるのを見て、

心の中で「誰かと約束？」と彼の浮気を疑えば、
その疑いがタネになり、彼女はムッとした表情で黙ってしまい、
相手を一方的に責めてしまいます。
とたんに、楽しかったデートが台なしに。
いったん抱いた疑いはなかなか消えません。
ささいな疑いを心に抱いたばっかりに、
二人の関係は坂を転げ落ちるように、
どんどん破局へと向かっていきます。

本当は、彼は彼女との食事を盛り上げるために、
内緒でレストランを予約していたかもしれないのに……。
ささいなことから、大切にしてきた彼との関係が
気まずくなってしまった。
そんな経験をした人がたくさんいるはずです。

一方、彼が腕時計に目をやるのを見て、

「大切な用事があるのかも。彼に気をつかわせないようにしよう」

と、心の中で考える人もいます。

その考えがタネになり、彼を気づかう行動となって現れます。

すると、彼の心の中に
「こんなに信頼してくれているのか」

という思いが抱かれて、彼女と彼との絆は前にも増して強くなり、
二人の関係はハッピーな未来へと向かっていきます。

こんなふうに、あなたが心の中に秘めたささいな思いが、
現実世界で人生を左右する結果をもたらします。
目には見えない考えや思いが、
目に見える現実の世界で行動となって現れ、
その行動が人との出会いや人間関係、仕事や遊びに影響して、

その行動にふさわしい結果を引き寄せるのです。

あなたの人生で起きる出来事は、
たとえ良いことでも、悪いことでも否応なく、
すべてこの法則にしたがって起きています。

彼との関係も、あなたが心の中にどんな考えや思いを抱くかで、
悪くもなれば良くもなるのです。
あなたの思いが、わがままや自分勝手な考えから出たものなら、
相手や周りの人々のことなどお構いなしで、
自分勝手なアクションを起こします。

あなたが心に抱いた思いが、相手への思いやりや共感、
やさしい気持ちや相手への尊敬から出たものなら、

相手を気づかい、相手の幸せを願うアクションとなります。

わがままや自分勝手な考えから出たものなら、
みじめさや孤独といった苦々しい果実を、
あなたの思いが、ピュアで相手を思いやる気持ちから出たものなら、
愛に満ちた幸せな人生という甘い果実をもたらします。

不安や疑いからは怒りと争いが、
嫉妬やねたみからは破局や暴力が、
相手を思いやるやさしい思いからは、
やさしさといたわりに満ちた心のふれあいが、
純粋でまっすぐな思いからは、
素直でウソのない関係がつくられます。

## 幸せの法則はとてもシンプルです

この法則をしっかりと理解すれば、
幸せになるのは、けっしてむずかしいことではありません。

もし、やさしい人を引き寄せたいならば、
あなた自身がやさしくなることです。
もし、ウソや見え透いた弁解をしない
正直な人を引き寄せたいならば、
あなた自身が正直になることです。

もし、包容力のある人を引き寄せたいならば、
あなた自身が心豊かになることです。

もし、心を愛で満たしている素晴らしい男性から愛されたいなら、
あなた自身が心を愛で満たすことです。
醜い考えや思いからは破局が、
美しい考えや思いからは深まる愛が生まれます。
自然界の法則が絶対のように、
これはどんな場合でも、間違いようのない法則です。
身勝手な打算やわがまま、
ひがみやねたみで心を満たしているかぎり、
あなたの世界に良いことは起きません。

雑草のタネからは雑草が、バラのタネからはバラが育ちます。
私たちの人生も、これとまったく同じように、

シンプルで明快そのものなのです。

もしあなたが、自分の人生を複雑で不確かだと
思っているとしたら、
それはあなたが無用な雑念やずるい考え、
ありもしない妄想や疑いを心に抱いているためです。
ネガティブな考えや思いは、いつかかならず、
ものごとを悪い方へと引っ張っていく
行動をあなたに起こさせます。

本当に愛される人になりたいと願うなら、
そうしたネガティブな考えや思いを、
根こそぎ刈り取っていくことです。

## 美しい庭を作る

私たちの心は庭のようなものです。
雑草が生い茂った荒れ放題の庭もあれば、
毎日丹念に手入れをして、
ガーディナーが心に描いていた通りの花々を
みごとに咲かせた美しい庭もあります。
ガーディナーが丹精込めてつくった美しい庭を前にすると、
人は足を止めて見入り、心をなごませます。
でも、ガーディナーが他のことに気を取られて、

手入れを怠けて荒れ放題にしてしまったら、
そんな不細工な庭を前にして足を止める人はいません。
見向きもせずに、顔をしかめて通り過ぎていきます。

荒れ放題になった心の庭は、
あなたが心に抱いた不安や疑い、相手をバカにしたり卑下する考え、
はたまた自分がリッチで贅沢な暮らしがしたいから
お金持ちしか相手にしないというような自分勝手なわがままさ、
こうした役にも立たない考えがタネとなって
雑草を生い茂らせた結果です。

同じように、人が思わず立ち止まり、
心をなごませる手入れの行き届いた美しい心の庭は、
あなたが心に抱いたやさしさや思いやり、

相手に共感し、リスペクトする思い、
そして理想のプロポーションをつくるために
せっせと食事制限とエクササイズに励むがんばり、
こうした前向きで明るい考えがタネとなって、
雑草を丹念に刈り取った結果です。

ガーディナーの思いが原因をつくり、
心の庭を美しくも荒れ放題にもさせているのです。
言うまでもなく、ガーディナーは心の主であるあなたです。

## 恋愛力アップにあざとい恋テクは逆効果

私たちの心の庭にまかれる雑草のタネは、不安や怒り、ねたみや嫉妬、疑心暗鬼といった暗く不純でゆがんだ思いです。

雑草が育つと、庭に雑草自身のタネをまくように、不安はさらなる不安のタネをまき、あなたの心の庭一面に不安が生い茂ります。怒りもねたみも嫉妬も、疑心暗鬼も、つぎつぎに庭に生い茂っていきます。

たとえば、ある人を憎い、憎いと思えば思うほど、その憎いという思いは増していきます。
憎いという思いは、庭に憎しみと怒りのタネを植えつけ、
そのタネがまた芽をふいて憎しみと怒りを育て、増やしていき、
最後には、もう手に負えないほど心の庭にはびこってしまいます。
そして人は、憎しみと怒りが荒れ狂う庭の姿を見かけたとたんに、
危険を感じて逃げ出します。

心の庭を荒らす雑草を取り除くには、
そうしたネガティブな考えや思いを、
心の中から刈り取っていくしかありません。

そして、純粋でまっすぐな考えや思い、
相手に対するやさしさと愛に満ちた思いを心に抱くことです。
そうすれば、その考えや思いがタネとなり、

あなたが心に描いた通りの花々が育ちます。

すると、あなたが育てた花々が咲き誇る
美しい庭を前にして、人は立ち止まり、
おだやかになごんだ瞳と純粋な思いであなたと向き合います。
その人は、あなたの人生のパートナーになる人かもしれません。

でも、草取りを怠って
荒れ放題となった庭の前に立ち止まる人はいません。
あなたが無理やり人をそこに連れてきても、
その人は迷惑そうな表情で一刻も早く立ち去ろうとするだけです。

よく恋愛力と言われますが、
小ざかしい悪知恵は苦くてしぶい果実を実らせ、

相手を思いやる知恵であれば、甘くておいしい果実を実らせます。
恋愛力のカギを握っているのは、
テクニックではなく、心に抱く考えと思いなのです。

私たちは、この法則にしたがって
現実の世界でドラマが生まれていることを経験していくにつれ、
遅かれ早かれ、自分が自分自身の心の庭をつくる
ガーディナーだということを、
そして自分の心の設計者なんだとわかってきます。
また、自分が心の中に抱いたひとつひとつの考えや思いが、
いかに自分の運命をつくり上げていくのかを、
正しく理解していきます。

心の中に隠された「原因と結果の法則」を明らかにしていくのです。

## 身勝手な心は、けっして幸運や幸せを引き寄せません

心の庭のガーディナーである私たちは、
雑草を丹念にむしり取り、美しい庭に育てることで、
目の前に人々を立ち止まらせることができます。
そこから人生のパートナーとの出会いがもたらされます。

反対に、自分の不運を嘆き、人をうらやんでしまったり、
怒ったり恨んだりすることに心を奪われて
庭を荒れ放題にしてしまう
怠け者のガーディナーにだってなれます。

しかし、そんな庭にしてしまえば、いくらモテ・メイクや

矯正したボディ・ラインでとりつくろっても、
いつかかならず、顔をしかめて立ち去っていきます。
心の庭を荒らす雑草も、美しいバラの花も、
芳しい匂いを放つカトレアも、
私たちの心の庭に育つ草花はすべて、
私たちが心に抱いた考えや思いというタネが咲かせたもの。

小麦は小麦のタネから、
大麦は大麦のタネからしか生まれないのと同じように、
あなたが心の中に抱いた考えや思いが、
それに応じた人やものを引き寄せます。

わがままで自己中心な心は、苦しみと苛立ちを引き寄せ、
澄んで思いやりのある心は、幸せと笑顔を常に引き寄せています。

わがままで自己中心な心が、
幸運や幸せを引き寄せることはありません。
また、澄んで思いやりのある心が、
不運や不幸せを引き寄せることは、
１００パーセントありません。

私たちに起きる出来事は、
たとえハッピーなことでも、不幸なことでも、
ひとつの例外なく、この法則に従って起きています。
「原因と結果の法則」が、私たちの運命をつくっているのです。

愛される人は庭を手入れする人で、
愛されない人は庭を荒れ放題に任せている人です。

ガーディナーが庭を耕し、
雑草を引き抜き草花のタネをまくように、
私たちも自分の心の庭を手入れし、
愚かな考えや不純な思いを根絶やしにして、
純粋な思いのタネをまいていくことです。

あなたが、いま幸せなのは、
それは、あなたが、
これまで明るく楽しい考えを
心に抱いてきたからです。

そして、あなたがいま不幸せなのは、
それは、あなたが、
これまで暗く沈んだ考えを
心に抱いてきたからです。

## 心の知性を磨く

私たちは単に頭だけで考えて生きているわけではありません。
私たちには心があり、心には感情と知性があります。
私たちは知性で感情をコントロールしようとしますが、
頭の中で考えた思いは、ほとんど感情に振り回されてしまいます。
私たちは、いくら頭の知性を鍛えても、心の知性を磨かなければ、
強力なパワーを持つ感情にただただ振り回されていくだけです。
とくに恋愛では、ほぼすべてにわたって感情が支配します。
恋をすると、ふだんは冷静な人でさえ、心を大きく揺さぶられ、

感情の渦に巻き込まれて心を乱してしまいます。
乱れた思いが、つぎからつぎへと湧き出してくるのが恋愛です。

恋愛をしているときは、相手のなにげないひとことで、
夜も眠れないほど落ち込んだり、有頂天になったり、心が揺れるもの。

恋愛中のあなたの心は、不安や嫉妬、それに疑心暗鬼や劣等感など、
思いっきり落ち込ませるような
感情の餌食になりやすくなっています。

思いが右往左往すれば、行動も右往左往します。
その結果、恋愛が破局したり、夫婦関係が壊れてしまいます。
出会いがない。出会いがあってもモノにできない。
本当は付き合っている相手と結婚したいのに、恋が実らない。

そんな悩みを抱いているとしたら、
「原因と結果の法則」を知ることです。
心に良い考えを持てば、いいことが起き、
心に悪い考えを持てば悪いことが起きる。
すべては自分が抱いた思いが原因だということを、
しっかりと知っておくことが大切なのです。

これが心の知性を磨き、高めるたったひとつの方法です。

## 恋愛は感応ゲームです

いったん不安という感情が頭をもたげると、
なかなか消えないのが心です。
そういうときには、
相手を不愉快にさせるような言動をしてしまいがち。

たとえば、真剣に交際を始めたにもかかわらず、
彼が一言、「おれ、結婚にむいてないなぁ」

と言ったとしましょう。

あなたは、その彼のたった一言に不安になり、

「私って彼のなんなの?」

「結婚に向いてないってどういうこと?」

などとあれこれ考えて、それがタネとなり、
いつかかならず現実世界で行動を起こしてしまいます。

「私のこと、遊びなの？」
「嫌いなら、嫌いって言えば!?」
「私は何なの？」
などと口走ったとたん、
互いへの不信という感情がムクムクと沸き起こり、
庭にはびこる雑草のように、
手がつけられないほど互いの心を不信が支配してしまいます。

恋愛は感応ゲームです。
あなたが相手を不愉快にさせる行動をとれば、
相手も不愉快な行動で返してきます。

あなたが相手を愉快にさせる行動をとれば、
相手も愉快な行動を返してきます。

お互いを信じあえない恋愛に未来はありません。
もしあなたが、彼との未来というタネをまいていたとしても、
そのタネは不信という雑草に栄養分を吸い取られ、
あっという間に枯れ落ちてしまいます。
不信は、未来の足を引っ張る雑草なのです。

すべての原因はあなたの思いにあり、
その思いがどんなものかで結果がもたらされます。
この法則をまず知ることから、
あなたの人生を
より良いものへと変えていく道が開かれます。

## 心の中にあるものは、いずれかならず現れます

良い考えからは良いことが起き、
悪い考えからは悪いことが起きる。
いまさら言われてなくても、
こんなことは当たり前だと思うかもしれません。

しかし、この法則は私たちの人生を絶対的に支配しています。

私たちの人生における挫折や失敗、そして喜びや成功も、
失恋や離婚という挫折や失敗で孤独という牢獄に閉ざされるのも、
そして愛を実らせて安らかな幸福に満たされるのも、
すべてこの法則によるものなのです。

私たちの思いは心の奥深くからも出てきます。
深層意識という心の奥深いところに隠されて
自分では気がつかない感情もあれば、
自分はこんなことを思っていたのかと、
後になって気がつく想定外の思いもあります。

とくに恋愛感情から湧き出る思いは、
心の奥深いところから飛び出してくるものがたくさんあり、
いくら頭でコントロールしようとしても簡単には抑えられません。

たとえば、子どもの頃に親から無視されて育った女性は、
深層意識の奥に、
「親にも無視されるような自分は、
この世には存在してはいけない人間なんだ」

「人の何倍もその人を悦ばせないと
受け入れてもらえない」
というような脅迫観念を、
自分では気づかないまま抱きつづけています。

こういう思いを心の奥深くに秘めた女性が
男性と付き合いはじめると、
最初は、受け入れてもらおうと必死に相手に尽くします。

その裏には、
「私がこれだけ犠牲をはらって尽くしたんだから、
何があっても私のことを見捨てないで」
という切実な期待が隠されていることを、
相手の彼も彼女自身も気がついていません。

この思いは、なにかの拍子でかならず行動になって現れます。
たとえば、彼が元の恋人と電話で話をするのを目撃しただけで、
「みんな私を置き去りにする」
「自分の気持ちなんか、誰もわかってくれないんだ」
と怒りだして彼を責めはじめ、
自分の気持ちをコントロールできなくなってしまいます。
そして、本当は彼のことが大好きなのに、
彼とのデートにドタキャンを連発したり、
はたまた他の男とデートをしたりして、
わざとイヤガラセに走ります。

彼女の心が、それでも自分のことを好きでいてくれたら、
そこに愛があると考えているからです。
心の他のところでは、

自分はもっと器の大きい女のはずだと思っていても、
心が勝手にイヤガラセをつづけてしまうのです。

これでもかとばかり彼女に試される彼にしてみれば、
たまったものではありません。
彼女に愛想を尽かして逃げ出していくのは、時間の問題です。

こんなふうに、心の中にあるどんな思いも、
かならず現実世界で行動となって現れ、
その行動にふさわしい結果をもたらします。
自分では気づかずにいたり、
予想していなかった考えや思いが突然飛び出してきて、
とんでもない結末をもってきてしまうことは、
めずらしいことではありません。

「原因と結果の法則」に例外はないのです。

身勝手な考えは、ひとりよがりの行動を起こし、
結果として、悩みや苦しみに満ちた不幸せな状況をもたらします。
ビクビクとした臆病な考えは、
おどおどとした優柔不断な行動を起こして
周囲の人々を困らせ、人々から遠ざけられます。

憎しみは、トゲトゲした行動を起こして
周りに敵をつくり、争いやトラブルだらけの
イライラとした不愉快な状況をもたらします。

相手を思いやる考えは、気づかいや誠実な行動を起こして、
あなたの周りにハッピーで愉快な友たちをたくさん引き寄せます。

愛に満ちた考えは、陽だまりのように人を引き寄せ、
なごやかな瞳であなたを見つめる心豊かな人々を引き寄せ、
その中から、真の人生のパートナーを連れてきます。

こうして結ばれたあなたたちは、
心をいっぱいに満たした愛を、
お互いに惜しげなく与えながら愛を育み、
お互いの人生を高めあい、貧しいときも豊かなときも、
けっして壊れない幸せを引き寄せていくのです。
だからこそ、この法則をきちんと理解して、
自分の思いを正しく把握していくことが大切なのです。

それがあなたを磨き、やがてかならず、
あなたに愛し合う喜びと幸せをもたらします。

心を愛で満たしている人に愛されたいのなら、
あなた自身がネガティブな考えや思いを捨てて、
心を愛で満たしていくこと。

心を磨くこともしないで、
いくら最高の男性との出会いを願っても、
待っているのは落胆と失望だけです。

チャンスは、準備した人にしかやってきません。

# 第二章

# 人生に偶然という要素はひとつもありません

あなたが、
目の前にしている人は、
好きだろうが、
嫌いだろうが、
あなたの心が
原因と結果の法則によって
引き寄せた人です。

それは、
貧しさや豊かさ、
職場の人間関係まで、

あなたを取り囲む
すべてを
引き寄せています。
また、
心に抱いた考え、思いは、
それにふさわしい場所へと、
あなたを運んでいきます。

## 鏡の法則

あなたの周りの人たちは、
あなたを映し出す鏡にほかなりません。

あなたが今、目の当たりにしている出会いや人間関係は、
心が温まるものでもイラ立つものでも、
誇らしいものでも恥ずかしいものでもすべて、
あなたの心の中身を映し出したものです。

もしあなたの周りを、明るくほがらかで
正直な人たちが取り囲んでいるとすれば、
あなた自身が明るくほがらかで

正直な考えや思いを心に温めているからです。

もし、人の目を直視することもできない影のある人や、
うさんくさくて油断ならない人たちが
あなたの周りに集まっているとすれば、
あなた自身がうしろめたい思いや、
暗い考えを心に飼っているからです。

心の外側の世界にあらわれたものは、
心という目に見えない内側の世界が
引き寄せたものなのです。

あなたの交友関係を冷静に観察してみてください。

もし、幸せな人たちをねたんだり、
自分の不運を嘆いている不幸せな人ばかりなら、
あなたが不幸せな考えを心の中にめぐらしているからです。
もし、ひがみっぽい人ばかりなら、
あなたが、ねたみやひがみを心に飼っているからです。

そしてもし、幸せな人がたくさんいるなら、
あなたが幸せな考えや思いを心に育てているからです。

あなたがお付き合いしている
相手の心の中身を知りたいと思うなら、
その人の周りにどんな人たちがいるかを見ることです。

私たちは、自分と同じような考え方をする人たちを、

いつも引き寄せているからです。

たとえば、おだやかで少年のような笑顔を持つ人と出会いたいと望んでも、あなた自身の心の中に、トゲトゲした考えや思いが心の奥で爪を研いでいれば、粗野で乱暴なＤＶ男を引き寄せてしまいます。

たとえば、包容力のあるやさしい人と出会いたいと望んでも、あなた自身の心の奥に、

「どうせ自分なんか」という考えが抱かれていれば、わがままで無気力なダメンズを引き寄せてしまいます。

## 心は生活環境も引き寄せる

あなたが暮らしている世界も、あなたが引き寄せたものです。

あなたが心に抱いた考えというタネから生まれた行動が、
あなたの周りに人や職場や生活環境を引き寄せ、
あなたが今生きている世界を作り出しているのです。

このことを理解するのは難しいことではありません。

たとえば、

「もう、夫とは生活できない」

という秘めた思いを心の中に抱くと、
いずれそれは行動となって現れ、

現実世界で別居や離婚という結果を生みだします。
それによって、あなたを取り巻く環境は一変します。
あなたが心の中で思ったことが、
つぎつぎと状況や環境を引き寄せて、
あなたの周りを目に見える形で取り巻くのです。

たとえば、
「一夜かぎりでもいいから、イケメンと恋をしたい」
という不埒な考えを心に抱けば、
そんな出会いの場へとあなたを運んでいきます。

その結果、あなたは夜な夜なクラブやバーに足を運び、
たいがいの場合、後悔とみじめな思いで枕を濡らします。

あなたがそんな思いをするのは、
けっしてクラブやバーのせいではありません。
それに、そこで知り合った男性が悪いのでもありません。
クラブやバーという環境も、そこで知り合った男性もすべて、
あなたの不埒な考えが引き寄せたものでしかないからです。

もしあなたが、
「一夜かぎりでもいいから、イケメンと恋をしたい」
という不埒な考えを抱かなかったら、
あなたはそうした場所には行きません。
ましてや、あなたを一夜限りの遊び相手と見下す男たちと、
間違いをしでかすこともないのです。

こんなふうに、心に抱いた考えや思いが、

あなたをそれにふさわしい場所に連れて行き、
ふさわしい相手を引き寄せます。

あるいは、
職場にいつもあなたを無能あつかいする上司がいて、
「このままじゃ、自分は腐ってしまう。転職しよう」
という思いを抱くと、その思いが現実の世界で行動を生み、
その職場を辞めて他の職場に移ります。

すると、あなたの生活環境は一変します。
出会いや人間関係も、通勤のために利用する電車も、
仕事の内容も、ランチを食べに行くお店まで変わります。

あなたの思いが、さまざまな生活環境の変化をもたらし、

あなた自身をその環境の中へと連れてくるのです。

恋人との恋愛関係や人生のパートナーとの夫婦関係、
親子関係や兄弟や親戚との関係も、
友人や知人との関係、仕事での人間関係、
さらにはあなたの経済状態や心や体の健康状態まで、
あなたを取り巻く世界のすべては、
あなたが心の中に抱いた思いが引き寄せたものなのです。

その人を取り巻く周囲の状況や環境は、
いつでもその人の内面の思いとシンクロしています。

## 人生に偶然はありません

私たちが生きていく中に、偶然という要素は存在しません。
ドクダミのタネからはドクダミが、
バラのタネからはバラが育つように、
すべては、目に見えないあなたの考えや思いが、
あなたの周りに同じような考えや思いを抱く人を引き寄せ
豊かさや貧しさ、幸せや不幸せをつくり出しているのです。

これも、間違えようのない
「原因と結果の法則」がもたらしています。

たとえば彼と別れたあと、彼の存在の痕跡をすべて消そうと

部屋の模様替えをしたりとか、あるいは、別れの傷を癒そうと
海外旅行に出かけたりしたことがありませんか。
模様替えした部屋に戻ると、
新しい暮らしがあなたを取り囲みます。
また、海外旅行に出れば、
日本から出たとたん、あなたを外国が取り囲みます。

こんなふうに、目に見えないあなたの考えや思いが、
あなたを新しい場所へと連れて行き、
がらりと生活環境が一変します。

あなたをとんでもない行動に駆り立てるのも、
あなたに苦しみに満ちた境遇を引き寄せるのも、
あなたが心に抱いた思いが原因です。

あなたの周りにあるものは、
人であれ生活環境であれ境遇であれ、
すべてあなた自身の考えや思いを投影した鏡なのです。

自分の苦しみやみじめさを境遇や環境のせいにしようとしても、
境遇や環境はあなたになんの影響も与えていません。
環境をつくりだしたのはあなたなのですから。

自分を変えないかぎり、
鏡はいつも今のあなたをありのままに写すだけです。
意地っ張りや頑固さは、鏡の中に現実世界の姿となって現れます。

穏やかで安らぎのある環境にしたいのなら、
自分勝手な思いや自分への執着といった思いを

心から拭い去ることです。

そのとき鏡の中に、
争いのないおだやかで安らいだ環境が写し出されます。

たとえば負けず嫌いな人は、
職場で部下や後輩との人間関係がうまくいかず、
いつもイライラしています。
部下に近づこうとしても、遠ざけられて相手にされません。

負けることが嫌いな人の心の中には、
相手からバカにされたらどうしようという恐れと、
コンプレックスが潜んでいます。
そのため、相手をへこますことで安心しようとします。

なにかといえば自分をヘコませる上司に
ついていく部下はいません。

ところが、負けず嫌いな人は
自分の中に恐れやコンプレックスがあることを認めたくありません。
そんな弱さを人に悟られたくないからです。
そのため、部下が自分をバカにするような素振りを
少しでも見せたとたん、頭ごなしに怒鳴りつけます。
負けず嫌いな人は、心の中に抱いている恐れや
コンプレックスを自分で見つけないかぎり、
ずっと遠ざけられつづけます。

もしそれに気がついて、
自分の弱さを心が受け容れたら人間関係は一変します。

鏡の中に、争いのないおだやかで安らいだ環境が
写し出されるのはそのときです。

性格も環境も、あなたが心に抱く思いから織り上げられたもの。
正しい思いを抱くことで、あなた自身を変えることも、
あなたの環境を変えることもできます。
そうする以外に、あなたを取り巻く状況や環境を
変えるすべはありません。
すべては、あなたが心に抱えた思いがつくりだすのです。

「原因と結果の法則」を知れば、
当然のこととして、あなた自身の印象や性格を変えることができます。

どんなに、
心に秘めたつもりでも、
あなたの考えは
いつか、かならず、
見抜かれます。
なぜなら、
心に抱いた考えが、
あなたのパッと見に、
隠しようもなく
現れるからです。

## 見た目の印象

異性とは数多く知り合いになっても、
恋愛につながるような出会いがないと
グチる女性がたくさんいる一方で、
新しい異性に出会う機会は少なくても、
出会いをモノにできる人がいます。

たとえば合コンや婚活パーティで、
イケメンでおまけに将来有望な異性と
知り合ったとしましょう。
もしその人が上から目線で
あなたを冷たくあしらってきたら、

「付き合いたい」とは思わないはず。
反対に、パッと見はさえなくても、
その場を盛り上げて、周りの人たちと
仲良くしようという態度でいる人には、
「一緒にいると楽しそう」
という考えを心に抱きます。
そういう人からは、「近づきやすいオーラ」が出ていて、
上から目線のタカビーなイケメンから出ているのは、
「近づきにくいオーラ」です。

こんなふうに、見た目の印象が人を引き寄せたり、
遠ざけたりしています。

いったい、パッと見の印象は、

どこから作られているのでしょうか。
たとえば、パッと見で明るい人は、
心の中に明るい考えや思いを抱いている人です。
パッと見た感じで、「この人とはムリ」と思ってしまう人は、
たいてい暗く、ひねくれた考えや
いじけた思いを心の中に隠している人です。
暗い感じの人は暗い考えや思いを、
上から目線の高慢な感じの人は
高慢な考えや思いを心の中に抱いています。
その人が与える印象というのは、
心の中身が外ににじみ出てきたものなのです。

近づきやすいオーラも、近づきにくいオーラも、
あなたの心の内側から出ています。

心に抱いた考えや思いは、けっして隠しきれません。

たとえあなたが、自分の考えを心の中に隠したつもりでも、心の中に抱えたすべての考えや思いが、なんらかの形で、やがてかならず現実の人生の中に姿を現してきます。

## 私たちは心の内側を現す服を着ています

人が与える印象というのは、
その人が生きてきた中で抱いてきた、
ありとあらゆる考えや思いを足し合わせたものです。
性格や個性も、そうして作られています。

パッと見の印象は、
その人がどんな服を着ているかで大きく左右されますが、
私たちの心も、その中身に合った服を着ています。

見た目の印象のほとんどは、
目に見えないその服の印象で決まります。

その服が、その人の内面を現しているからです。
その服は、あなたが心に抱いた
すべての考えと思いがデザインされています。

暗い思いは暗い色の糸に、
明るい思いは明るい色の糸になり、
そのひとつひとつが服を織り上げるのです。

暗い思いや悲しい思いが多ければ、
どんよりとした暗い色を織り上げた服に。
わびしさやさみしい思いが多ければ、
渋くて地味な色の服に。
明るい思いが多ければ、パッと華やかな色の服に。
そして、穏やかで落ち着いた思いが多ければ、人を安らかにする落ち着いた色の服になります。

女性も男性も、人間の風格とか品性と言うものは、
急に作られるものではありません。
コツコツと積み上げてきたありとあらゆる思いと、
そのタネから育った行動によって、
おのずから具わってくるものです。

仕事をバリバリこなす「デキる人」には、
パワフルで前向きな雰囲気があり、
「どうせ自分なんか」と投げやりな毎日を送っている人には
だらしなく後ろ向きな雰囲気が、
高潔な人にはおのずと気品と風格がそなわり、
粗野で卑しい人にはおのずと下品さが漂っているものです。

その人の人となりを現す品性や風格もまた、
その人それぞれが心に抱いてきた
思いを足し合わせて作られたものなのです。

いくら清楚でエレガントなファッションに身をつつんでも、
内面を現す服がど派手で下品なら、かならず見抜かれます。
人はエレガントなファッションから
見え隠れする内面の服を見逃しません。
いくらとりつくっても、自分の内面は隠しきれないのです。

そして、自分が作り上げたパッと見や性格、品性が、
それぞれにふさわしい人々を引き寄せて、
運命を作り上げていきます。

## 自分の心と釣り合った相手を引き寄せます

「オタクっぽい印象の人」は、オタクな人々を。
「いい人」は、ボランティア活動に生きがいを
感じているような心やさしい人々を。
パッと見で「ハデな人」は、恋の狩人たちを。
「お高くとまっている人」は、
肩書きや年収をひけらかす見栄っ張りな人々を。

こんなふうに、それぞれが自分の色と同じ色の人々を
引き寄せあって、小さな世界を作り上げ、
そのなかでそれぞれの人生ドラマを練り上げています。
もしあなたが、

「包容力があって、どんな困難にでも敢然と立ち向かう
強さとやさしさを持っているような男と出会いたい」
と自分では思っているのに、
なぜか意気地のないダメンズばかりと
付き合ってしまうと嘆いているとしたら、
胸に手を当てて考えてみてください。

いろいろな男性と出会う中で、
あなたはいつもダメンズを探しているのではありませんか。
あなたの心のどこかに、「どうせ自分なんか」
という思いがかならずあるはずです。
たとえば、子どもの頃に親から虐待を受けていたり、
ことあるごとに「ダメな子だね」と言われて育つと、
それがトラウマになって、

「自分は愛されない人間なんだ」
「なにをやっても報われないんだ」
という思いを抱きつづけてしまいます。

そんな心の奥深くに潜んでいる思いが、
自分では気がつかないうちに、
理想の相手とはまったく違う
ダメンズを引き寄せているのです。

こんなふうに、私たちは自分の心のレベルと
釣り合った人を引き寄せています。
いつも正直に考え、正直に話し、正直に行動する人は、
いつもほがらかで楽しい友人たちに囲まれますが、
不正直な人を取り囲むのは、ほとんどがうさんくさい人たちです。

すぐに感情的になる人、ビクビクしている人、
思いやりを欠いた人、不真面目な人もまた、
同じような人たちを引き寄せます。
こういう人たちは、ものごとに一喜一憂して心が落ち着かず、
いつもイライラとしています。そのため敬遠されて、
恋愛でも仕事でも失敗を繰り返します。
しかし、心を愛で満たしている人は、
いつもたくさんの友人に囲まれながら、
恋愛でも仕事でも、幸運が寄り添います。

## 人は、受け取るに値するものしか受け取れません

私たちは、どんなに良い結果を心に描いても、
それを手にするに値しない人間でいるかぎり、
悪い結果しか手にできません。

私たちが受け取ることのできるものは、
私たちが欲しいものではなく、
受け取るに値するものです。
愛されたいといくら願っても、
ひとりよがりな願いや祈りは届きません。

幸運な人は、幸運を受け取るにふさわしい心を持った人たちです。

幸運を受け取るにふさわしくないねじまがった心を持つ人に、
幸運が微笑むことはありません。

ここに、自分で起業した事業をつぎつぎに成功させ、
素晴らしい人々にも恵まれている幸運な人がいます。
もしあなたが、
「どうして彼女はあんなにツイているのに、
私はなんでツキに見放されているんだろう」
と自分を呪うとしたら、
あなたは幸運というものをカン違いしています。

その人が受け取っている幸運という恵みは、
彼女が自分の心を高める努力を
惜しみなくつづけてきた結果なのです。

人々が、彼女のよく手入れの行き届いた
心の庭の美しさに足を止め、この人と一緒にいたい、
この人のために何かしてあげたいと思ったからこそ、
彼女に恵みがもたらされたのです。

「私もツキが欲しい」
なんていう単なる願いが引き寄せるものは、
「ああ、またダメだったか」という落胆だけ。

満足できない結果を生み出した原因は、あなた自身の中にあり、
あなたが「原因と結果の法則」からきちんと学び、
より良い考えや思いを抱かないかぎり、願いのトビラは開きません。

あなたが、いつまでも真実の愛と出会えないと

自分の運命を恨んでいるとしたら、
恨みや弱い思いを抱きつづけてきたためです。
そうした思いは、真実の愛を得たいという
あなたの思いの足を引っ張りつづけ、
あなたの願いを邪魔しつづけます。

あなたが受け取るものは、
あなたが欲しいと思うものではありません。
あなたがどれだけ良い思いを抱き、良い行いをしているか、
それに釣り合うだけのものしか受け取ることはできないのです。

## そもそも、人生に失敗などありません

なぜ、私たちには良いことも悪いことも起きるのでしょう。
それは、私たちが良い考えと悪い考えの両方を
心の中に抱いているからです。

私たちは、良い考えを植え付け、
悪い考えに養分を奪われないよう、
丹念に雑草を刈り取ることで、
常に良い結果だけを手にすることができます。

良い考えや行いは、けっして悪い結果をもらしません。
それと同じく、悪い考えや行いは、

けっして良い結果をもってきません。

これは、小麦のタネからは小麦だけが育ち、
菜の花のタネからは菜の花だけが育つのと
まったく同じ原理です。

この法則を学んでいる人は、
つねに自分のわがままから出た思いを抑え、
相手のためを考えようとします。
この法則をまだ学んでいない人は、
自分が抱いた考え、思いが
自分のわがままから出たことにも気がつかず、
自分だけのために行動します。

思いが嫉妬や憎しみ、恨みなどなら、
その暗い妄想はどんどん大きくなって、
あなたの心を奪い、あなたの人格を奪い、あなたの人生を奪い、
あなたは別人のようになってしまいます。
それは、あなたが卑しい思いや見下した思いを
野放しにしつづけた結果なのです。

自分のわがままから出た思いは、
妄想、不安に絡み取られて苦しみをもたらします。
自分の思いが幻想であることを知らずにいれば、
相手を傷つけたり、相手から嫌われたりすることをしてしまい、
苦しみや哀しみ、そして孤独な人生という結果をもたらします。

反対に、正しい思いを選んで抱きつづけることで、

私たちは陽だまりのような人間になることができます。
と同時に、誤った思いを抱きつづけることで、
粗野で下品な人間へと落ちることもできるのです。

気高く、穏やかで、愛にあふれた人は、
偶然にそういう幸運を得たわけではありません。
自分の思いを正しく選び、よこしまで不純な思いを遠ざける
心の習慣をつづけてきた中で備わったものが
幸運を引き寄せたのです。

見るからに下品で野卑な人は、
よこしまで不純な思いを心の習慣として抱きつづけ、
正しい思いを顧みなかったためにそうなっているのです。
すさんだ境遇が犯罪者を生むのではありません。

心の中に敵意や悪意を抱きつづけてきたのが、
行動となって現れたのです。
自分の苦しみを境遇のせいにしているかぎり、
その人は犯罪を繰り返してしまいます。

けっして、環境が人をつくるのではありません。
環境はその人自身を写す鏡なのです。
悪事やそれにともなう痛みは、悪意を抱かないかぎり、起こりません。

また、純粋な喜びは、丹念に心の庭から雑草を取り除き、
おそれや妬みのない純粋な思いのタネを
せっせとまいて育てていかないかぎりもたらされません。

人が立ち止まり、穏やかな瞳であなたと向き合う

美しい庭をつくるために、
悪意やふしだらな思いのタネを根こそぎにし、
雑草を丹念に取り除いて手入れを怠らないでいれば、
最高の幸福を引き寄せることもできます。
コツコツとこの努力を重ねていくことで、
私たち自分自身を支配することも、
私たち自身の境遇や環境をよりよいものにしていくための
原作を書くことだってできます。

人は、自分が欲しいものを引き寄せるのではなく、
今の自分をそのまま映し出すものを、
自分を取り巻く環境として引き寄せています。

## 自分のいまの状況が教えてくれるもの

あなたがいま、どんな人たちに囲まれているのか、
どんな場所にいるのか、
そしてどんな生活環境や境遇にいるのか、
それを決めているのは、
あなたの考えや思いだということはおわかりでしょう。

ということは、あなたを取り巻く周囲の状況は、
いまのあなたがどんな考えや思いを
抱いているかを教えてくれていることになります。

もしあなたが、合コンやパーティ、クラブやバーなど

男性たちと知り合う機会の多い場所に足繁く通っているとしたら、
それは、さっきのアバンチュール好きの女性のように、
「一夜の恋でもいいから恋をしたい」
というアブナイ考えを心のどこかに抱いているからです。

その考えが、あなたをそういう場所へと連れて行っているのです。

もしあなたが、一流会社のエリートや高学歴で
高年収の男性だけが会員になれる
婚活クラブに足繁く通っているとしたら、
それは、男性を利用してリッチで贅沢な暮らしをしたいという
自分勝手でわがままな考えを抱いているからです。

ほとんどの場合、どちらも、もたらされる結果は落胆と失望です。

もしあなたが心を愛で満たしていれば、
合コンや婚活クラブのパーティに誘われても、
そういう場所へ行こうとは思わないでしょう。
そもそも心を愛で満たしている人は
「一夜の恋でもいい」とか「金持ちと結婚して贅沢をしたい」
なんていう考えは抱いていないからです。
かりに、友だちや知人の顔を立てるために
どうしてもそういう場所へ行かなければならないとしても、
まるで気が乗らずシラけてしまうでしょう。

私たちはそれぞれ、自分にふさわしい場所にいるのです。
自分勝手な考えや、卑しい考えを心に抱けば落胆と失望を味わう。

そういう考えを持てば、苦しみを味わう結果になる。

この法則を学ぶために、あなたはその場所に運ばれているのです。

自分がいまいるその場所で、「原因と結果の法則」が、自分の人生をいかに左右しているかを学びはじめます。

そこで学べなければ学ぶまで、何度も何度も同じあやまちを繰り返し、苦しみを生む場所へと連れ戻されて、再び落胆と失望を味わいます。

もし、その原因が自分のわがままな考えにあったことを学べば、その場所は消え、つぎの学びの場があらわれます。

## ひとつの恋愛が終るとつぎの恋愛が現れます

私たちの人生には、誕生の時から旅立ちの時まで、
偶然という要素はなにひとつありません。

魂が私たちに降りてくると、私たちは自分自身を現す
さまざまな場を引き寄せはじめます。
自分自身の純粋さや不純さ、
強さや弱さを反映したものを引き寄せていくのです。

その場でひとつの学びを得れば、
その場はたちまち消えて、つぎの場が現れます。
その場その場で学ぶべきことを学ばなければ、つぎの場は現れません。

たとえば、ひとつの恋愛が終って新しい恋愛に移ったとき、
前の相手のことがいつまでも忘れられないとすれば、
あなたはその前の相手と学ぶべきはずだったことを学んでいません。

そのため、新しい恋愛は前の恋愛で学ぶべきはずだったことを
学ぶために現れたのです。

そこでまた同じ失敗を繰り返せば、学ぶべきことを学ぶまで、
つぎつぎと同じような恋愛があらわれます。
もし、前の恋愛をすっかり忘れているならば、
あなたは前の恋愛で学ぶべきことを学び終え、
つぎの学びのために新しい恋愛と出会っているはずです。

あなたの心のレベルが一段上がり、

そのレベルに吊り合った人との恋愛が引き寄せられます。
こうして、心が成長していくのです。
心が成長すればそれにつれて環境が変わり、
自分の人生は幸せな方向に変わっていきます。

妄想やひとりよがりな考えにとらわれて、心の庭の手入れを怠れば、
愛されない苦しみにいつまでもつきまとわれてしまいます。
愛されない苦しい思いが紡ぎ出す孤独な世界は、
そこで精神的な学びをするために与えられた学びの場なのです。

そこで学ぶべきことを学べば、
その場は消滅して、新しい場が現れます。

私たちは、その場、その場で学ぶべきことを

学びながら成長していくのです。
いまあなたがいる場所で必要なことを学ぶと、
その場所はまもなく、つぎの新しい場所に取って代わられます。

永遠というものを信じる人や、
自分は宇宙とつながっているということを
学んでいる人は、自分が宇宙の思いによって
この世に生まれてきたことを理解しています。

そして、宇宙から自分に降りてきた魂が、
この世界でさまざまな場をつくりだし、
学ぶべきものを学ぶたびに、
新たな学びの場へと旅立っていくことを知っています。

# 第三章

# 自滅愛と招き愛

偉大なる法則である
この「原因と結果の法則」に
気づいていない人は、
目の前で起きる出来事に
一喜一憂してしまう。

そして、いたずらに感情を爆発させて、
苦しみという報いを
受けつづけます。

## 恋愛と感情

恋に落ちると、私たちはどんなブザマなことでもしでかします。

なにかの拍子で、
ふだんは思ってもみなかった感情が爆発して相手を傷つけたり、
自分はもっとクレバーでクールだと思っていたのが、
相手のちょっとした言葉や仕草に一喜一憂して、
手がつけられないほど落ち込んだり舞い上がったり。

恋愛は感情に支配されるもの。
だからこそ、恋に落ちると私たちは苦しみ、悩み、迷うのです。

社会的地位もあり、人々からリスペクトされている人でも、
いったん恋に落ちると
ダダっ子のようになってしまうのが恋愛です。
いくらふだんは偉そうにしていても、
いざ恋に落ちれば平気で相手に媚びたり、
場合によっては土下座までして相手をつなぎとめようとします。

ふだんはワケ知り顔で落ち着き払っていても、
相手に冷たい素振りをされたとたん、
罵詈雑言を浴びせて相手を傷つけもします。
しかも、そんな自分をコントロールすることもできません。

そのときはじめて私たちは、自分の心の中に、
とんでもない考えや思いが隠されていたことを

知ってうろたえるのです。

そこで学ばなければ、自分の心の中に潜んでいる
卑しい考えやダダっ子のような
身勝手な思いに気がつくことはありません。

私たちは恋に落ちたときに、
心の中に潜んでいるありとあらゆる考えや思いは、
いつかかならず行動となって現れるという
「原因と結果の法則」を思い知らされ、
この法則を学んでいくことで少しずつ成長していきます。

## 学ぶまで同じみじめなゲームがつづきます

ひとつの恋愛から学ぶべきものを学ぶと、つぎの恋愛が現れます。
あなたの心の中にある変身の鍵が、
つぎの学びの場のトビラを開くのです。

変身の鍵とは、ひとつの学びを得て向上していく知恵です。
恋愛を通してひとつずつ知恵を学び、
つぎの学びの場のトビラを開きながら、
真実の愛に目覚める方向へと導かれていきます。

「求めよ、さらば開かれん」という真理は、
ひとつの場で学ぶべきことを学んだ人にだけに与えられます。

そこで学ぶべきことを学べないでいる人には、
いくら求めてもトビラは開かれません。
学ぶまで、その場にとどまります。

たとえば、本当は頼りがいのある
やさしい男性との結婚を願っているのに、
いつもダメンズばかりと付き合ってしまうあの女性。
親から「ダメな子」と言われつづけたトラウマから、
「自分は愛されない人間なんだ」
「なにをやっても報われないんだ」
「どうせ自分なんか」という思いが、
自分の心の奥深くにはびこっていることに気がつけば、
これまで、そのいじけた考えが
ダメンズを引き寄せていたことを学ぶことでしょう。

もし彼女が、そうしたいじけた考えを、
庭にはびこる雑草を引き抜くように、心から取り払おうと考えれば、
そのとき、彼女は自分の運命を変える鍵を手にします。

もう彼女は、ダメンズを探そうとは思いません。
すると、つぎの恋愛が現れます。
その相手は、それまでのようなダメンズではありません。
彼女の心の傷に目を向け、
彼女をトラウマという牢屋から連れ出して、
自由な世界へと導く役割をもった男性が現れるのです。
いじけた考えを心から追い払おうという彼女の考えが、
その相手を引き寄せるのです。
そして、その相手との心のふれあいから、
自分を愛することを学んでいきます。

こうして彼女は心を成長させていき、愛されるのは、
心を愛で満たしている人ということを学び、
やがて彼女が本当に願っていた頼りがいのあるやさしい男性を
引き寄せていくことになります。

反対に、ダメンズとの恋愛を繰り返していく中で、
失望や自己嫌悪、ひがみやコンプレックスを野放しにしてしまうと、
前の相手よりずっとだらしないダメンズを引き寄せてしまいます。

すると、彼女はトラウマという牢屋に閉ざされつづけてしまいます。
彼女自身が変身の鍵を手に入れるまで、
みじめなゲームが繰り返されるのです。

## 恋の苦しみが自分の心の中身を知らせてくれる

辛い恋愛は、より多くの学びをもたらします。
苦しい恋愛もまた、より多くの知恵をもたらします。
どんなに辛く苦しくても、それに耐え、
その場が自分にどんな学びをもたらすものかを
知っていくことでしか、
つぎの知恵の門を開くことはできません。

ここに不倫グセに苦しむ女性がいます。
彼女はずっと、本当は心が温まるような恋愛をして、
その相手と穏やかで円満な結婚生活を送りたい
と願って過ごしてきました。

ところが、なぜか妻子ある男性に惹かれてしまい、不倫の関係を結んでしまうのです。

ルックスも良く、頭もキレる才女です。
そんな彼女にプロポーズをしてくれた独身男性もいました。
彼は彼女に一生懸命尽くしてくれたというのに、
そうされればされるほど、心が近づいていけませんでした。
独身男性からのプロポーズを受け容れられず、
彼女は妻子ある年上の男性との不倫を繰り返し、
明け方、妻子の待つ自宅へ帰ろうとする相手の
背中を見つめながら自分を呪っていました。

頭では、
「続けていても将来はない。早くやめなければ」

と考えていても、心の方は、
「好きなんだから仕方がない。別れられない」
と正反対の考えを抱いています。
不倫相手と会っているときは心がワクワク。
でも、相手が自宅へ戻るときには
胸がつぶれるような苦しみが。

天国と地獄を行ったり来たりするような
毎日に耐え切れず、安らぎを求めて
久しぶりに実家を訪ねたときのことでした。
大酒のみだった父親はすでに他界して、
実家には母親ひとりが住んでいます。
彼女が自分の心の奥深くに
ずっと抱いてきた思いに気がついたのは、

母親が言ったひとことからでした。
「ひどい亭主だったし、
お前にもつらく当ってばかりいたけど、
本当はね、お前のことが心配で仕方がなかったんだよ」
その言葉を聞いたとたん、
涙が溢れて止まらなくなってしまったのです。

父親は、娘と会話をすることもなく、
毎日お酒ばかり飲んでは荒れていました。
そのため、彼女はずっと「自分は父親に好かれていない」
と思い続けていたのです。
でも、母親が口にしたそのひとことで、
心の奥深くで父親の愛情を切実に求めている
自分の思いに気がついたのでした。

すると、自分がこれまで好きになった
不倫相手の男性は、父親に似た男性だということに気づきました。

自分の本当の気持ちに気づいた彼女は、
ようやく父親の影から抜け出し、
父親に求めていた愛を、他の男性に求めるのは、
間違いだということを学んだのです。

すると、彼女につぎの恋愛がもたらされました。
以前は心を近づけられなかった尽くしタイプの独身男性です。
その恋愛から、彼女は父親に求めていた愛を
他の男性に求めることがどれほど間違ったかを学び、
心に自由を取り戻していきました。
そして、その彼の愛を受け容れたのです。

## あなたがどんな思いを選ぶかで、ドラマは変わっていきます

恋愛というステージでは、相手を愛する気持ちと、
本当はウソをつかれているのではないか、
だまされているのでは、
いつか裏切られるのではないだろうかといった
不安や疑心暗鬼が交錯して、
さながらロールプレイングゲームのように、
さまざまな場面へと進んでいきます。

ロールプレイングゲームでは、場面ごとに選択をしていきます。
たとえば目の前に三つの選択肢があり、
一番目を選ぶと、その選択がつぎのゲームを引き寄せます。

二番目も、三番目もそれぞれ別のゲームを引き寄せます。
そのひとつひとつが、あなたの場になります。
そして、どれを選んだかでピンチに陥ったり、
手ごわい相手と戦わなければならなかったり、
あるいは自分を助けてくれる協力者が出てきて、
自分の力を高めたりします。
どれを選ぶかで、その後の展開はまったくちがってきます。

さらに、つぎの場面でもまたどれかを選ばなければいけません。
そこで何を選ぶかでまた、物語はまったく違ってきます。
場面ごとに、あなたが何を選ぶのかによって、
物語はゲームオーバーにもなり、ハッピーエンドにもなるのです。
もし、自分勝手な考えや、利己的な考えを選べば、
どんどん悲劇の方向へと物語は進んでいきます。

反対に、相手を思いやる考えや、
相手に奉仕するという考えを選べば、
物語はどんどんハッピーエンドの方向へ向かっていきます。
どんな場面でも、いつも愛に満ちた考えを選ぶことです。

バラのタネがドクダミを育てることは決してないように、
良い考えが悪い結果をもたらすことは絶対にありません。
反対に、ネガティブな考えを選べば
悲劇的な結末をもたらします。
ドクダミのタネがバラを育てることが決してないように、
悪い考えが良い結果をもらすことは絶対にありません。
苦悩は、つねに間違った考えの結果です。

自分を破壊してしまうような
考えもあれば、
心を愛で満たしてくれる
思いもあります。

あなたが
心にどんな考えや思いを抱くかで、
恋を自滅させることも、
愛を招くこともできます。

## 自滅する愛

私たちは、心にどんな考えや思いを抱くかによって、
心を愛で満たした人を引き寄せることも、
自分を破壊してしまうこともできます。

もしあなたが、間違った考えで
愛を壊してしまった経験があれば、
どこでどんな考え、思いを抱いたのか、
冷静に振り返ってみてください。

あなたは、自分のそのときどきに心に抱いた考えや思い、
それに、自分では気がつかないまま

ずっと心の奥深くに抱きつづけてきた
考えや思いのために、自滅という方向へ進んでいたのです。

どこかで迷い、相手に疑心暗鬼になったとたん、
あなたは負のスパイラルへと
絡み取られていったことがわかるでしょう。
それは、あなたが不信や疑いといった
ネガティブな考えのタネを
心にまいたときからはじまっていたのです。

自分自身がどんな考えを持ち、
どんな感情を抱いているかを、
冷静なもうひとりの自分の目でどこまで把握できるか。
これができなければ、いつまでたっても

自分が何をどうすればいいのかわかりません。
この瞬間に抱いている思いを見つめてください。
本当に相手のためを思ってのものか、
自分のためのものなのか、
いつもそう自問自答していくことが、
愛されないのではないかという
不安に掴まれないたったひとつの知恵です。

## 怒りは愛を自滅させる最強の武器です

人生で不快なことが多かった女性の心の中は
怒りでいっぱいになっています。
心の中に怒りがあると、
何かを破壊せずにはいられなくなります。
怒りは破壊のエネルギー源だからです。

彼との関係を破壊したり、彼の人生を破壊したり、
ときには自分自身を破壊したりもします。
つぎからつぎへと相手が変わっても、
怒りという思いが彼女に復讐や意地悪という行動を
繰り返し起こさせるのです。

ここに、親から理不尽に責められながら育った女性がいます。

「親以外の人も、自分を理不尽に責めるに違いない」

という密かな思いを頑なに抱いて生きてきました。

その思いが、母親への、そして自分の周りにいる人たちへの
怒りを育ててきたのです。

そのため、付き合っている彼のちょっとした言葉や行動が
彼女の心の奥底にある〝怒り〟を刺激してしまい、
突然、「責められた」「ひどい扱いを受けた」
と言って怒り出すのです。
もともと責められる理由がないのですから、
彼はどうしていいかわかりません。
こうしていつも相手は去ってしまいます。
母親から責められて育ったという境遇が、

彼女から愛を奪ったのではありません。
彼女自身が心の中に秘めている
怒りが破局をもたらしたのです。

彼女自身がこのことに気づき、怒りを取り除かないかぎり、
彼女は同じことを繰り返していきます。
親のイライラの原因が
自分にあると思い込んで育ったため
「自分という人間は
そこにいるだけで人を不愉快にするのだ」
という歪んだ思いを抱いてきたのです。
その歪んだ思いが彼女の性格をつくり、
最初から心の奥底で
「今度の恋も実らない」と決めているのです。

心の中にこの思いを抱きつづけているかぎり、
彼女につぎの学びの場は現れません。

それでも、どこかに自分の存在を認めてくれる
男がいるかもしれないという思いは捨てきれないため、
自分にやさしくしてくれる男が現れると
新しい男と付き合い始めます。
こんな恋愛中毒にかかっている恋多き人は、
女性でも男性でもけっして少なくありません。
恋愛から学ぶべきことを学んでいない人たちです。
でも、相手が変わっただけで、
彼女自身の思いが変わったわけではありません。
これを繰り返しているかぎり、
彼女がいる場は消えることはありません。

彼女がこのことを学ぶことによってしか、
つぎの場はもたらされないのです。
そしてつぎの場で、自分本位な恋愛ではない本当の愛が試されます。

恋愛も仕事もうまく行く人は、
かならず、いつか成功するという考えをします。
どうせダメだとか、初めからうまくいくとは思っていなかった
といった考えを持てば、結果はその通りになります。

## 「私と一緒にいて楽しい？」と聞く女性

せっかく楽しいデートを過ごしているのに、
なぜか「私と一緒にいて楽しい？」
と真顔で聞いてくる女性がいます。
そんなとき、たいがいの男は
「楽しいに決まってるよ。
なんでそんなこと聞くんだ？」と答えます。

でもご用心。この言葉の裏側には、
彼女が心のなかに抱えている怒りが秘められているからです。

両親の夫婦仲が悪く、そのためいつもイライラしている

母親に育てられた娘は、自分が悪い子だから
親は自分を愛してくれないのだと自分を責めてしまう。

そして、自分さえいい子になったら、
親は必ず自分を愛してくれるようになると考えるようになります。

こういうことがつづくと、自分はダメな子だと自己卑下したり、
自分を理不尽に責めるクセがついてしまうのです。

そのため、大人になって男性と付き合うようになっても、

「自分は誰にも愛されない女なのではないか」

と常にネガティブな思考をしてしまい、

「自分なんか彼から愛されていないに違いない」

と考えるようになります。

それで、「私と一緒にいて、楽しい?」
と聞いてくるのです。
男はこういう女性を前にすると、
「なんて不憫な女なんだ。
ボクが彼女に本物の愛を教えてやろう」
と力んでしまうものですが、
ほとんどの場合、結果は惨憺たるものになります。

なぜなら、自分は愛されていないと思い込んでいる女性に、
男がいくら誠心誠意尽くしていても、
愛が報われることはまずないからです。

## 最悪の自滅愛　妄想は現実世界で愛を壊します

恋愛では、不安や怒りといった
ストレスの源となるような感情がつきまといます。
こうした感情を心の中に持っていると、
冷静なときにはまるで考えられないような
突発的な行動に出てしまうことがあります。

なかでも気をつけなければならないのが不安です。
不安というタネは疑心暗鬼を芽吹かせ、
現実世界ではありもしない幻想や妄想を育てます。
幻想や妄想が現実世界で行動を引き起こすとき、
その結果はひどくみじめなものになります。

最悪の自滅愛を引き寄せるのです。

ここに、交際相手から何の連絡もなしに
約束をすっぽかされた女性がいます。
彼女の心のなかに、さまざまな疑いや不信が沸いて出てきて、
たちまち彼女の心は疑心暗鬼に絡みとられます。
ひょっとすると、他の人に会いに行ったのではないか？
そう思ったとたん、本当は存在しているかどうかもわからない
〝浮気相手〟が誰なのかを考え、激しい嫉妬が沸き起こってきます。

疑心暗鬼はぐんぐん育ち、
芋づる式にさらなる疑いや不信のタネをまき、
あれよあれよという間に、彼女の心を相手に対する
否定的な思いが占めてしまいます。

最初の疑いが心にタネをまき、
それが芋づる式に疑心暗鬼を引き寄せて、
ついには彼女の心を激しい嫉妬が
支配するようになってしまうのです。

同時に、ひとりよがりな勝手な考えや思いがまいたタネが、
交際相手への強い不信感となって芽生え、
どんどん大きく育っていきます。

でも、それが妄想であることに彼女は気がついていません。
ひとりで勝手に妄想をでっちあげ、ひとり相撲を取っているのです。
不安や怒り、不信やおそれ、疑いや妄想という考えがまいた
タネから育った疑心暗鬼が、彼女の心を乗っ取り、
彼女の心の庭に生い茂り、彼女の心を支配しているからです。

その妄想が彼女を現実の行動へと向かわせます。
交際相手につらく当ったり、
浮気の確証を得ようと相手の携帯電話を盗み見たり、
しまいには、相手に気付かれないようにつきまとう
ストーカーのようになってしまったり。

疑心暗鬼という暗い思いには、
他の思いをすべて根絶やしにしてしまうほどの
強力なマイナス・エネルギーがあります。
思いは妄想でしかなかったとしても、
実際に行動となって現れれば、それは現実の行為になります。
交際相手はそんな行動を取りはじめた彼女を
どう思うでしょうか。
彼女を不愉快に思いはじめ、

争いの末についには別れを切り出すか、
無言のうちに立ち去ります。

あなたが心を邪悪な考えや思いで満たせば、
苦しみや悲しみがもたらす痛みが引き寄せられ、
悲惨な結果をつれてくるのです。

こんなふうに、あなたの心が不純な思いで満ちているとき、
あなたにはいつも痛みがつきまといます。
思いは妄想でも、行為は現実です。
そして、現実世界で破局という結果をもたらします。
その痛々しい結果は、現実世界ではありもしない妄想が
化けて出たものにほかなりません。

反対に、もしあなたが相手を信頼し、
相手をいつくしみ、その人の幸せを思えば、
その清い思いが、あなたに喜びを引き寄せ、
あなたに連れ添うあなた自身の影のように、
あなたに愛と幸せが寄り添います。

恋愛はもちろん、職場でも家庭でも、
あるいは学校や遊びの場でも、
あなたの人生を動かしているのは、あなたの思いなのです。
あなたの思いが、あなたの人生を決めているのです。

## 過剰な独占欲は愛を滅ぼします

夫婦関係が希薄な場合、しばしば親は子どもに執着します。

こういう親は自分の配偶者は信じられたいため、我が子を溺愛して、いつまでも自分の手元に置いておこうとしがちです。

そのため、わが子を独占しようと束縛し、監視します。

こうして育てられた女性が成長すると、友人や恋人に対しても、自分が親にされたのと同じように、愛情や友情の証として、独占、監視、束縛をしはじめます。

一方で、親から束縛されていた自分がそうだったように、
恋人も自分の束縛から逃れようとしているのではないか
という不安を常に持っています。
そこで、相手の男性が
どれくらい自分に忠実な奴隷でいるかどうかを、
常にチェックせずにはいられなくなるのです。

愛情があるから、彼の携帯をチェックするのではありません。
愛があるから嫉妬するのでもありません。
自分の束縛から彼が逃げ出すのではないか、という不安が
彼女にそうした行動を起こさせているのです。

彼の束縛に成功したからといって、
彼を愛するわけではありません。

ただ独占しておきたいだけなのです。
捨てられてしまうのでは、
という不安から逃げるために独占しつづけたいのです。
彼を自分だけのものにすることに意味があって、
彼を愛しているから独り占めしたいわけではありません。

そして、男が逃げ出そうとすると、
独占できないという不安から、
しばしばストーカーのようにつきまといます。
見捨てられたらどうしようと、
必死に彼にしがみつこうとします。

自分がストーカーをしていることにさえ気がつきません。
自分の不安を解消することで精一杯なので、

彼の心の痛みにまで気が回らなくなっているのです。

ありもしない妄想を一方的にかきたてられて、
自分をどこまでも縛りつけようとする彼女に、
彼が愛想を尽かすのは当たり前のことです。

また、自分が心に抱いている嫉妬や劣等感から、
彼を支配したい、自分のものにしたいと
思っているだけということもしばしばあります。

本当に相手のことが好きなのか、
よくよく自分の胸に聞いてみることです。
そして、本当に愛しているとわかったら、
相手の立場に立ち、自分が彼だったら

きっとこうされたらうれしいだろうと
想像力を働かせて、彼の気持ちを推しはかれば、
彼との距離はせばまってくることでしょう。

反対に、自分の愚かしい心をそのまま相手にぶつければ、
相手も愚かな心で対応してきます。
恋愛は、それぞれの思いが交錯する感応ゲームなのです。

せっかくの素晴らしい出会いを、
愚かな心に振り回されてダメにしてしまったら、
いくら後悔しても足りません。

## 心のガーディナーになって愛を招き入れましょう

愛されない苦しみほど、辛いものはありません。
愛される喜びほど幸せなものはありません。

愛されない人の心のなかには
愛されない原因があり、
愛される人の心のなかには
愛を実らせる思いが抱かれています。

この真実を学ぶことで、人は自分自身を変え、
自分を取り巻く状況を変え、
そして自分の運命を変えて、

愛に満ちた幸福な人生を
送るにふさわしい自分を
つくっていくことができます。

私たちは、「原因と結果の法則」を学んではじめて、
「ダメな子」から「心が自由で前向きな子」へと
自分を解放することができるのです。

思いを変えれば性格が変わり、
性格が変われば環境が変わります。

そして、環境が変われば運命が変わります。
運命が変われば人生が変わるのです。

卑しい考えを心に宿せば渋くて苦い果実を、
自由でピュアな考えを宿せば
甘くておいしい果実を実らせます。

愛される人は、いつも心の庭を
せっせと手入れしているガーディナーです。
優秀なガーディナーが
丹精こめて作り上げた美しい庭を前にすると、
人々は立ち止まり、おだやかで純粋な瞳で向き合います。

あなたは、自分を変えることができます。

思いを奮い立たせようとしなければ、
ただ弱く、そして惨めで、

不幸なままでありつづけます。

さみしさに頬を濡らす人になるのも、
愛の喜びに心を満たされる人になるのも、
あなた自身の思いが決めるのです。

愛を自滅させる考えや思いとは、
また、愛を招く考えや思いとは、
いったいどんなものなのでしょうか。

それを見きわめるときに役に立つヒントを
紹介しましょう。

愛を引き寄せる、
招き愛の尺度は、
物質的な豊かさではなく、
心の幸福です。

そして、
自滅愛の尺度は、
物質的な貧しさではなく、
心の惨めさです。

## 心の物差し

私たちはいつでも、
これが欲しい、あの人を自分のものにしたい、
自分の物足りなさを埋めてくれるものが欲しい、
というような自己中で自分勝手な思いが
フッと浮かんできます。

そして、これを満足させることが
いちばんいいことだと
決めつけて行動を起こします。
その結果、苦しみがもたらされます。

お金持ちになって豪邸で暮らしていても、
物足りない思いを抱きつづける人はたくさんいます。
お金で幸福は買えません。

幸福こそ、真実の愛の結果なのです。
あなたが心に抱いている思いが
正しいものかどうかを見きわめる物差しは、
物質的な豊かさではなく心の幸福です。

どんなに貧しくても、
穏やかな心で笑顔を絶やさない人がいます。
貧しさに負けて、膝を抱えて自分の境遇を呪う人もいます。

あなたが心に抱いている思いが

間違っているかどうかを見きわめる物差しは、
物質的な貧しさではなく心のみじめさです。

ここに二人の女性がいます。
ひとりは、リッチな暮らしをすることが幸せだと考えて、
お金持ちの男性とばかり付き合っています。
もうひとりは、愛する人と人生を
一緒に生きていくのが幸せだと考えて、
音楽を目指す貧しいフリーターと愛を育んでいます。

この二人がそれぞれの相手とデートをするとき、
その中身はまったく違います。

お金持ちの男性と付き合っている女性の場合、

デートの場所はいつも高級レストラン。
話題はもっぱらブランドグッズやリゾート、
それに経済的な成功について。

フリーターと付き合っている女性の方は、
たいがい駅前の大衆的な居酒屋です。

話題も、お金にまつわることではなく、
愛ややさしさとか、将来の夢について。
もし、お金持ちの彼と付き合っている女性が、
自分の友人が、自分の彼よりもっとお金持ちの男と
付き合っていることを知ったら、
彼女は自分は負けたとくやしがり、
みじめな気持ちに落ち込みます。

けっして幸せには感じません。

もし、フリーターと付き合っている女性が、
彼女の友人がお金持ちの男と高級レストランで
デートしていることを知ったとしても、まるで気にしません。

なぜなら、彼女にとって
彼が連れて行ってくれる大衆居酒屋で
十分に幸せを感じているからです。

あなたが、みじめな気持ちになっているとしたら、
それはあなたがみすぼらしい考えを心に抱いているからです。

あなたが、幸せな気持ちになっているとしたら、

それはあなたが幸せな考えを心に抱いているからです。
幸福とみじめさという尺度で、自分の心の中を見つめ、
間違った考えや思いを刈り取り、正しい思いを育てていけば、
あなたの前に人は立ち止まり、
穏やかに安らいだ瞳であなたと向き合うでしょう。

# 第四章

## 究極の恋愛力　実践編

あなたが、
心をわがままな考えで
満たしていると、
愛は立ち去ります。

あなたが、
愛で心を満たすと、
わがままは立ち去ります。

## わがままな心

恋に落ちると、心の中に不安や嫉妬、妬みや怒り、
不信や猜疑といったネガティブな思いが
つぎつぎに沸き起こってきます。
心がこうしたネガティブな思いに満ちているとき、
奴隷の足かせにつながれた重たい鉄の玉のように、
あなたの心にどこまでも痛みがつきまって離れません。

しかし、苦しみだけが恋愛ではありません。
恋愛には親密感というかけがいのない歓びがあります。
相手を理解し、純粋に慕い敬う思いを持ちつづければ、
あなたにどこまでもついてくる

あなた自身の影のように、歓びが寄り添います。

私たちは「原因と結果の法則」を
学ぶことによって成長します。
けっして、小ざかしい恋テクや
その場しのぎの小細工で成長することはありません。

「原因と結果の法則」は、
目に見えない心の中でも、目に見える現実世界でも、
絶対的であり、誰も逃れることはできないものです。

愛される人は相手のためを考え、
愛されない人は自分のために行動します。
自分の私利私欲から出たわがままな行いは、

妄想、不安に絡み取られて苦しみをもたらします。
相手のためという思いから出た行いは、
素直で心地よく、心が澄んで安心があります。

心をわがままな考えで満たしていると愛は立ち去り、
愛で心を満たしていると、わがままは立ち去ります。
愛に満ちた考えは、陽だまりのように人を引き寄せ、
なごやかな瞳であなたをまっすぐに見つめる
心豊かな人々を引き寄せ、
その中から、真の人生のパートナーを連れてきます。

こうして結ばれたあなたたちは、
心をいっぱいに満たした愛を、
お互いに惜しげなく与えながら愛を育み、

お互いの人生を高めあい、貧しいときも豊かなときも、
けっして壊れない幸せを引き寄せていくのです。

ふだんから、愛で心を満たしていること。
これが究極のモテ力なのです。

「原因と結果の法則」を学んだ人には、
おのずとこの最強のモテ力が備わります。

## わがままな恋テクは復讐されます

小ざかしいテクニックを
いくら身につけてもモテ力はつきません。
あざとい手練手管は相手を
迷わすだけのものに過ぎないからです。

もし、あなたがわがままで
身勝手な計算からはじき出したモテ力を
本当の恋テクだと思っているなら、
かならず復讐の罰を受けます。

荒れ放題になった心の庭の前に

立ち止まる人がいたとしたら、
その人はあなたの足を引っ張る人です。

その人は、あなたの打算やわがまま、
卑屈な思いやおごった考えが引き寄せた人でしかありません。
あなたは、いつも自分の打算を見透かされるのではないかと、
不安とおそれでビクビク。心が落ち着くときがありません。

わがままや打算的な考えを叶えるためのモテ力は、
相手をもてあそんで迷わすだけ。
もてあそばれ、迷わされた相手は、あなたの本心を知ったとき、
激しい憤りや、ときには暴力であなたに向かってきます。

職場でもキャンパスでも、

バーやレストランとかの食事の場でも、
海やキャンプなどの遊びの場でも、
そして合コンや婚活パーティでも、
心を愛で満たしている人が立ち止まるのは、
心の中に、よく手入れされた
美しい庭を持っている人の前です。

どんなにモテ・メイクで迷わそうとしても、
心の中に美しい庭を持っている人にはかないません。

## 心の習慣を磨く

容姿が美しかったり、頭が良く知的だったり、
お金持ちだからといって、
幸せな人生を送れるとはかぎりません。

一流大学を卒業して、大企業に就職したものの、
オフィスでもプライベートでも、
ハッピーとはいえない人はたくさんいます。

オフィスや学校の人間関係ひとつとっても、
そこには嫉妬や劣等感、
あるいはコミュニケーション下手からくる

誤解や妄想などなど、数え上げればキリのないほど、
さまざまな心の働きがギスギスと渦巻いています。
そうしたものにつまづいて、人間関係を壊したり、
実りかけた愛を失ったりしてしまう人がたくさんいます。

どういう考えを持つか、どう自分を見つめるのかで、
あなたの人生は大きく左右されます。
それを決めるのは、あなたです。
あなたの心のほかにありません。

愛されるパッと見をつくるのも、
あなたを愛してくれる人を引き寄せるのも、
すべて、あなたの心の習慣が決めるのです。

もし、あなたが愛されないと
悲嘆にくれているとしたら、
それはあなた自身の
心の習慣に原因があります。
誰のせいでもありません。

ましてや、あなたが愛されたいと
願っている相手のせいでもありません。

本当に愛されたいと願うなら、
愛されない原因をきちんと知り、
どんなときでも、愛を引き寄せるピュアで
相手を思いやる考えや思いを選ぶことです。

尊敬され愛されるのは、運のためではありません。
尊敬され愛される思いを習慣として心に持ちつづけ、
正しい考え方で努力を続けてきたことの自然な結果なのです。
あざとい小細工や、その場しのぎの考えが
偶然にもたらしたものでは、けっしてありません。

思い出してください。
成功している人は、どこからか突然降ってきた
幸運を手にいれたから成功したわけではないのです。

チャンスのときも、ピンチのときも、
いつも良い考えを選び、悪い考えをはねつけているからこそ、
「原因と結果の法則」がその通りの幸運を引き寄せたのです。

## 思いは変えられる

あなたは、自分を変えることができます。

自分の心（思い）を変えれば、
人格も環境も変わり、人生も変わります。

自分を変えなければ、
ただ弱く、そして惨めで、不幸なままでありつづけます。
どちらにするかは、あなた自身が決めることです。

人間には自ら考えを選ぶ知恵を授けられています。
良い考えを選んで抱くことによって、

あなた自身を変えることも、
あなたの環境や状況を変えることも、
あなたの人生そのものを変えることもできるのです。

その鍵を握っているのは、ほかでもありません、
あなた自身の考えと思いです。
どういう考えを持つか、どう自分を見つめるのかで、
あなたの人生は大きく左右されます。

## 考えを変えると、その場で周りの反応が変わります

もしあなたが、
周囲の人たちに優しい気持ちを向けるようにしたら、
周囲の人たちもあなたに対してすぐに同じ気持ちを向けてきます。

ためしに、どんな人にも笑顔で挨拶をするように
心がけるだけで、周りの人々があなたを見る目が違ってきます。

たとえば、職場にストレスがあって、
ムスっとした顔で「おはよう」と挨拶していた人が、
「原因と結果の法則」を学んで、
笑顔で明るく「おはよう！」と言ったとします。

はじめは職場の連中も「?」とひくかもしれませんが、
それを毎朝つづけていくだけで、
そのうち笑顔で挨拶を返してくるようになります。

すると、職場に出入りしている業者や営業マンが、
笑顔でこう言ってくるでしょう。
「なんか近づきにくい人だなと思っていたけど、
ホントはいい人なんだ……」。

笑顔で挨拶するだけで、〝近づきにくいオーラ〟が消えて、
あなたから〝近づきやすいオーラ〟が出るのです。

ふだん、彼に素っ気ない態度を取っているなら、
ためしに細かい心づかいをしてみることです。

ぼちぼちあなたとの別れを考えていた彼も、
あなたのやさしさに触れて思い直すことでしょう。
いつも明るい考えを選んで、それを習慣にするだけで、
あなたの周りに漂っていた暗いものはバーッと吹き飛ばされて、
あなたの周りに明るくハッピーな空気が取り囲みます。

けっしてむずかしいことではありません。
最初はぎこちなくても、習慣化していくにしたがって、
それがあなたのパッと見を変え、
そんなあなたにふさわしい人を引き寄せるのです。

## 良い考えを持つクセをつけましょう

いったん誰かを嫌いになると、
その思いが強ければ強いほど
〝嫌い〟という思いがどんどん広がっていき、
その人のやることなすこと全部が
嫌いになってしまいます。

ちょうど、雑草が雑草のタネをまき、
そこから育った雑草がまたタネをまいて、
どんどん庭に生い茂っていくのと同じです。
私たちはこうやって、
ひとつの思いをどんどん連想していきながら、

その思いを広げていくのです。

愛を引き寄せる「原因と結果の法則」を学んだ私たちは、
良い考えを心に宿すと、その考えが連鎖反応のように、
良いことばかりを連れてくることを知っています。

あなたが受け取るものは、
あなたが欲しいと思うものではありません。
あなたがどれだけ良い思いを抱き、良い行いをしているか、
それに釣り合うだけのものしか
受け取ることはできないのです。

良い考えを抱くことです。
それが願いの扉を開くカギになります。

## 誰の心も支配できません。
## 支配できるのは自分の思いだけです

私たちは、自分が望んでいるものではなく、
自分が遠ざけたいと思う人やものも、引き寄せています。

たとえば、おだやかでやさしい人と出会いたいと望んでも、
あなた自身の心の中に、イライラする考えや思いを抱いていれば、
心が落ち着かない神経質な男を引き寄せてしまいます。

私たちは、自分の心のレベルと釣り合った人しか
引き寄せることはできません。

もしあなたが、

ダメンズばかりと付き合ってしまうというなら、
お互いの傷をなめ合う関係から、一生ものの愛は育ちません。
いくら、彼とは〝情〟でつながっていると思い込んでも、
それは「どうせ自分なんか」
という自己憐憫のあらわれでしかありません。
自分を憐れんでいるだけなのです。
そんなところから、一生ものの愛が育つはずもありません。

もしあなたが、相手をもう少しましなレベルにしたいと思っても、
彼を変えられるのはあなたではありません。
彼を変えられるのは、彼の心だけです。
でも、あなた自身は変えられます。

あなた自身が変わったとき、

あなたにつぎの恋愛が引き寄せられます。
その相手は間違えようもなく、
いままでの彼より一段高いレベルの人です。

もし、その人が前の彼と同じレベルなら、
あなたの気持ちはたちまち醒め、付き合う気持ちにもなりません、
新しいレベルにふさわしくない考えや思いを、
あなたは心の中から取り除いているからなのです。

前の彼との恋愛から学ぶべきことを学び、
つぎの学びを得るためにその彼は現れたのです。
そして、新しい彼とのお付き合いのなかで、
もう一段高いレベルに心が成長すると、
さらに高いレベルの相手が引き寄せられます。

たとえばいま、彼のことがわからなくなって
不安に陥っているなら、
こう考えると違うゲームがはじまります。
「彼には彼が生きてきた人生があるんだわ。
私が生きてきた人生とはちがう。
過去に学んできたことも、考え方も自分と違って当たり前。
そういう彼を、自分の考え方だけで見ていたのが
間違いだったのよ。
ましてや、彼を支配しようなんて思うのは
とんでもないワガママ。
ありのままの彼を愛せばいいんだ」

彼を支配できるのは彼自身の心だけ。
ほかに彼を支配できる人はいません。

もし、彼にいたらないところ、
欠落しているところがあるとすれば、
彼自身がそういう思いを抱いてきたために、
結果として彼はそういう人間になっていると
理解してあげることです。こう考えたとたん、
不安や疑心暗鬼は吹き飛んでいくことでしょう。
恋愛は、お互いを奪い合うものです。
言い換えれば、相手を縛りあうのが恋愛です。
しかし、誰だって自分以外の誰かから
束縛されたいなどとは思いません。
ましてや、嫉妬や不安、猜疑心で束縛されたら、
逃げ出したくなります。

## 出かける場所を変えてみる

私たちが受け取ることのできるものは、
私たちが欲しいものではなく、
受け取るにふさわしいものなのです。
愛されたいといくら願っても、
ひとりよがりな願いや祈りは届きません。

もしあなたが心を愛で満たしていれば、
合コンや婚活クラブのパーティに誘われても、
そういう場所へ行こうとは思わないでしょう。
そもそも心を愛で満たしている人は
「一夜の恋でもいい」とか

「金持ちと結婚して贅沢をしたい」なんていう、
不埒でひとりよがりな考えは抱いていないからです。

もし、心を愛で満たしている人が、
誘ってくれた友人の顔を立てるために
合コンや婚活クラブのパーティに行ったとしても、
気持ちが乗らずに早く帰りたいと思うでしょう。

あるいは、その場に、彼女と同じようにシラけた顔で
ポツンとしている男性がいたら、
その男性に興味を持つかもしれません。

きっと、その男性も友人の顔を立てるために
そこに来ていたはずです。

## 自分の思いを見つめる

自分自身がどんな考えを持ち、どんな感情を抱いているかを、
冷静なもうひとりの自分の目でどこまで把握できるか。
これができなければ、いつまでたっても
自分が何をどうすればいいのかわかりません。

この瞬間に抱いている思いを見つめてください。

たとえば、イライラと考えていると、
むしょうに腹が立ってきます。
悲しい出来事を思い浮かべていれば、
気分はふさぎ、ゆううつな気分になります。

また、将来のことをクヨクヨ考えていれば、
やっぱり不安になります。

反対に、ゆったりとリラックスして
考えていると落ち着いた気分になり、
楽しいことを考えていればうきうきしてきます。
また、将来のことを前向きに考えていると、
自信がみなぎってきます。

少しでも前向きにものごとを考えるだけで、
それまでネガティブな感情ばかりに支配されていた心に、
ハツラツとした前向きな感情が湧き出してきます。

心が前向きになれば、勇気や希望を抱きます。

いまあなたがしている行いが、
あなたのどんな思いから出てきたものなのかを
考えることです。

なにごとにも原因と結果があるのです。

自分のわがままや、自分の勝手な思いが、
苦しみという結果をもたらします。

本当に相手のことを思う純粋な思いは、
あなたに愛をもたらし、
幸せな人生という果実をもたらします。

## 不信や疑いは、あなたの未来への祈りをへし折ります

お互いを信じあえない恋愛に未来はありません。

もしあなたが、彼との未来というタネをまいていても、
そのタネは不信という雑草に栄養分を吸い取られ、
あっという間に枯れ落ちてしまいます。

不信は嫌いという感情を引き寄せ、
未来の足を引っ張る雑草のタネをまき散らします。
嫌いという感情は、いつも心に抱かれた
わがままな思いによってもたらされます。

付き合っている彼が、
自分のわがままを叶えてくれないと、
この感情が湧いて出ます。
なぜなら、嫌いという感情は、
相手を遠ざけるために抱かれるものだからです。

いったんある人を嫌いと思うと、
その嫌いという思いはどんどん心の庭にはびこり、
その人のすべてが大嫌いになってしまうもの。

でも、心の庭のどこかに、
たとえばその人への好意ややさしい思いといった、
美しい花を咲かせるタネを
あなたがまいていたとしたらどうでしょう。

そのタネは、庭一面にはびこった雑草に
栄養分を吸い取られて枯れてしまいます。

荒れ放題になった心の庭に自分が気がついたとき、
そこに、いったんは心に抱いた
その人へのやさしい思いが
枯れ落ちて腐っているのを見て、
後悔と寂しさを味わうことでしょう。

いまあなたがしている行いは、
本当に相手のためを思ってのものか、
自分のためのものなのか、
いつもそう自問自答していくことが、
愛を引き寄せるたったひとつの知恵です。

## 自分の考えをウォッチする方法

たとえば、好きになっても
うまくいかないかもしれないという
漠然とした不安から、彼のことが苦手といった
逆の感情が芽生えることもあります。
まずは、素直な自分の気持ちにじっくり耳を傾け、
心の奥に隠れている考えや思いに気付くことです。

いったい、どうすれば自分の心の中をウォッチできるのでしょう。
「原因と結果の法則」は、
深い瞑想から学んだことをまとめたものです。
ためしに、自分と向き合ってみてください。

瞑想がベストですが、瞑想をしたことがなければ、
静かな場所で背筋を伸ばしてすわり、
頭のテッペンを空に引っ張られているような
イメージを思い浮かべてアゴを引き、呼吸を整えてみてください。
なにも座禅のように足を組む必要はありません。
椅子に腰掛けてでも結構です。
自分がリラックスできる場所であれば、どこでもかまいません。

軽く目を閉じて、しばらく呼吸だけに意識を集中していくと、
自分の頭や心のなかにすさまじい速度で
いろいろな思いや考えが浮かんでは消えていることがわかってきます。
ただそれを見つめてください。
すると、ひとつの思いが、過去の出来事やそのときの自分の感情を
芋づる式に引っ張り込んでくるのがわかります。

すべて、あなたの性格や人格をつくっているものたちです。

私たちは自分では気がついていませんが、
実はこんなふうにいつもバカげたことやどうでもいいこと、
嫉妬や憎しみ、恨み、羨みなどなど、
ネガティブな思いが現れては心を汚しています。
卑屈でネガティブな思いを膨らませた妄想は、
かならず自分を破壊する方向に向かいます。

これをコントロールできないと、
あなたを置き去りにして、どんどん妄想は一人歩きをはじめ、
あなたそのものになってしまいます。
その妄想がもとでしでかす現実的な行為は、
かならず悲惨な結果となります。

相手を傷つけ、ときに、根拠のない嫉妬や憎しみ、
恨みから犯罪にいたることにもなります。
こうした過ちは、毎日のようにニュースで報道されています。
当然、その罪は償わなければなりません。

こうしてあなたは、光のない暗い世界を
蛇蝎（だかつ）のように這いずり回るのです。
そんなあなたを愛してくれる人はいないでしょう。

愛されない原因は、
あなた自身のネガティブな思いがつくった妄想にあるのです。
それは決して、あなたの本当の姿ではありません。
自分自身ほど信用できないものはないのです。
自分を信用できない人がいくら愛を求めても、

相手を受け容れるだけの自分を育てていないのですから、
愛されることはありません。

反対に、自分が馬車の御者になって、
不安や妄想といった暴れ馬の暴走を
手綱を引いてコントロールすれば、
妄想を妄想と見きわめ、
愚かな行為に走ろうとする
自分を抑えることができます。

## すべてはあなたの思いが決める

あなたの目の前にあるものは、
すべて、あなたの心が引き寄せたものです。

愛される人は、愛される環境を引き寄せる心を、
愛されない人は、愛されない環境を引き寄せる心を
持っています。

心が成長すればそれにつれて環境が変わり、
自分の人生は幸せな方向に変わっていきます。

人間的な弱さや強さを、

誰かのせいにするのはもうよしましょう。
それらをもたらすのは自分自身であり、
他人でも環境でもないのです。

あなたに弱さや不純さがつきまとっているならば、
それを唯一改めることが出来るのも自分自身です。
けっして他人に改めてもらうことはできません。
自分がいる状況もまた自分の責任であり、
他人の責任ではないのです。
人の苦しみや幸せは内から生まれるものなのです。

人間は、思っていることがそのまま自分の存在となり、
同じ思いを抱きつづけるかぎり、その通りの自分でいつづけます。
愛される人になるのも、

愛されない寂しさに彷徨うのも、
ありもしない幻想に振り回されて
大切なものを失ってしまうのも、
すべて、あなたの心が決めるのです。

あなたが愛されたいと願っている
相手のせいでもありません。
自分の性格を作り、自分の人生を設計し、
そして自分の運命のシナリオを書くのはあなたです。

自分の考えをじっと見つめ、
ネガティブな思いを捨てて正しく前向きな思いを見つけ、
その思いを抱きつづけていくと、
目の前の現実がびっくりするほど変わっていくことに

気がつくはずです。

なぜなら、自分を取り巻く人や出来事、
生活環境や境遇が、自分の心の持ち方と
シンクロしていることを目の当たりにしたからです。
人生にはなにひとつ偶然はありません。
あなたが破局を引き寄せるのも、
あなたに真実の愛をもたらすのも、
すべて、原因と結果の法則によって起きます。

この法則は、どんなときでも働いています。

## 愛する思いは共感する力を育てます

この法則を理解した人間は、
同じ法則が他の人たちの人生にも
当てはまっていることを知っています。
そのため、ごく自然に誰に対しても優しく
接することができるようになります。

なぜなら、あなた自身が思いを変えることで性格を変え、
環境を変えることができることを体験してきたからです。
あなたが愛されたいと願っている相手も、
その人が心の中で思ったとおりの人なのです。

あなたが相手を変えることはできませんが、
あなた自身を変えることはできます。
あなたがこの法則に気づき、経験の中で理解するならば、
あなたの相手が愛されない苦しみにあっても、
その原因を理解して、共感してあげることができます。

あなたが心を寄せる相手が苦しみの中にいれば、
その苦しみがその人のこれまでの思いから
生まれたことを理解できます。

相手が辛い環境の中にいれば、その環境もまた、
その人のこれまでの思いから生まれたことを理解できます。
理解から湧いて出る思いは、共感であり、励ましです。
あなたはその人に手を差し伸べることができます。

こういうプロセスを経ていくなかで、
その人のあなたを見る目が穏やかなものへと
変化していくことを目撃するでしょう。

その目は、あなたに純粋な愛を抱きはじめた人の目です。

卑屈でネガティブな思いを膨らませた妄想は、
かならず自分を破壊する方向に向かいます。
これをコントロールできないと、
あなたを置き去りにして、どんどん妄想は一人歩きをはじめ、
あなたをハイジャックしてしまいます。
その妄想がもとでしでかす現実的な行為は、
かならず悲惨な結果となります。
根拠のない嫉妬や憎しみ、恨みから相手を傷つけてしまいます。

当然、その罪は償わなければなりません。
こうしてあなたは、光のない暗い世界を這いずり回るのです。

でも、それは決して、あなたの本当の姿ではありません。

いつも心をウォッチしていない人にとって、
自分自身ほど信用できないものはないのです。

正しい思いを育てずに、ネガティブな思いを育て、
そのタネがつぎからつぎへと不幸をもたらしてしまった結果なのです。
だからこそ、正しい思いを育てていく努力を怠ってはいけないのです。

トウモロコシの種子からは、トウモロコシしか生まれないように、
良い思いと行動はけっして、悪い結果を生むことはなく、

悪い考えと行動はけっして良い結果を生みません。
苦しみは、いつでも間違った考えが、
現実世界で引き起こした結果なのです。

間違った方向に進まないようにするには、雑草を刈り取り、
無用で不純な思いをすべて取り払って焼き尽くすことです。

## 愛される人は、美しい肉体をつくります

不純で暗い心は、
体を病気や衰弱に向かわせ、
清らかで明るい心は、
体を若さと活力に向かわせます。

病気と健康は、
あなたの回りに引き寄せられた人々や
環境と同じように、心の中身の現れです。

病的な考えは、病的な体として表に現れます。

不純な思いは、たとえ行動には現れなくても、
神経系をズタズタにしてしまいます。

一方、清らかで幸せな思いは、
活力に満ちた美しい体を作り上げます。
人の体は、心の中身に敏感に反応するように
できているのです。

悪意、羨望、怒り、不安、絶望
といったネガティブな考えや思いは、
体から健康と美しさを奪いとります。
憂鬱な顔は、憂鬱な心によってつくられるのです。

人を遠ざけてしまう眉間のシワは、

意地悪な考え、短気な考え、
暗い考えによって刻まれます。

もしあなたが、心をやさしさや思いやり、
相手に対する共感や尊敬で満たそうと努力すれば、
愛される人にふさわしい美しい体と
表情がもたらされるのです。

これも「原因と結果の法則」が引き寄せた恵みです。

心に目的を持たない人は、
ずっと漂流してしまいます。
そして、
心を愛で満たそうと
努力する人は、
港に向かって、
帆をあげて進み始めます。
自信をもって。

## 高い目的を持つ

心に目的を持たない人は、
取るに足らない心配や恐れ、
悩みにつまずいてしまいがち。

人生に目的がなければ、
あてどなくただ漂流しつづけるだけです。

愛を引き寄せる
「原因と結果の法則」を学んだ人は、
港に向かって帆をあげます。

良い考えを持てば良いことが起こり、
悪い考えを持てば悪いことが起こる。

この法則から、
心を愛で満たしていく努力をつづけていけば、
かならず愛してくれる人々を
引き寄せることを知っているからです。
あなたも大きな目的を持ち、
高々と港に向かって帆をあげましょう。

その目的が打算やわがままを
実現するためのものではなく、
あなたの世界を愛で満たすというものなら、
あなたはかならず目的を達成できます。

あなたが心に抱く理想とは、
あなた自身の未来図です。

人生の漂流者になりたくないのなら、
人がどんなことを言おうが、
その目的に向かって
自分の思いの力を集中することです。

## 究極の恋愛力が引き寄せるスイートホーム

その場その場で学ぶべきことを学び、
知恵を得ていくと、
人は一喜一憂することをやめ、
落ち着きが性格となって現れ、
穏やかな環境を引き寄せるようになります。

こういう人は、相手に共感して相手を
理解するすべを知っています。

そのため、人々はその人を信頼し、
多くのことを学ぼうとします。

真実の愛は幸福な家をもたらします。
信頼は安らぎのリビングルームをもたらし、
ベッドルームに深い眠りをもたらします。

貧しいときにあっても、
互いへのいたわりが通う
あたたかいキッチンをもたらし、
富めるときにあっても、
家族への愛が語らいのある食卓をもたらします。

真実の愛を招く考えの尺度は、
物質的な豊かさではなく心の幸福です。
貧しさの中にあってもみじめでなければ、
あなたは最高の愛を引き寄せている人です。

幸せになりたければ、幸せな考えを心に抱くこと。
これを心の羅針盤にして、心を愛で満たしている
おだやかで芯の強い人を引き寄せましょう。

ゲーテはこう言っています。

**ただ始めればよい、**
**そうすれば心は燃え上がる。**

**ただ始めればよい、**
**そうすればその作業は完了する。**

真実の愛という理想を帆に上げて、
いまこの瞬間から、

愛の漂流から幸福な家へと舵を取りましょう。

船長が寝ぼけているのなら、
いますぐ船長をたたき起こしてください。

すると、あなたの周りはがらりと変わり、
真っ青に晴れ渡った海原の先に、
幸福という名の港がハッキリと見えてきます。

本書は二〇一一年二月に弊社で出版した書籍を改題改訂したものです。

**超訳　原因と結果の法則**
**あなたの望む愛が叶う**

著　者　上之二郎
発行者　真船美保子
発行所　KK ロングセラーズ
東京都新宿区高田馬場 2-1-2　〒 169-0075
電話（03）3204-5161（代）　振替 00120-7-145737
http://www.kklong.co.jp

印　刷　中央精版印刷（株）
製　本　（株）難波製本
落丁･乱丁はお取り替えいたします。※定価と発行日はカバーに表示してあります。
ISBN978-4-8454-2439-9　Printed In Japan 2019